庶民國富論

看見制度背後的權力分配
重啟公民的經濟主權

何承凱 著

貧富差距不是天生注定，而是制度精密運作的結果。
當金錢遊戲只為少數人設計，庶民該如何重寫自己的生存規則？

目 錄

第一章
什麼是「財富」：從國家到你口袋的錢　　005

第二章
看不見的手：市場如何在你不知道的地方運作　　027

第三章
錢的故事：從黃金到比特幣　　051

第四章
從市場到你家：打造個人的經濟策略　　075

第五章
分工與連結：讓庶民也能參與的經濟擴張術　　101

第六章
選擇的力量：消費、投票與庶民的市場主權　　127

第七章
財富的再分配：
庶民在制度與政策中的位置與力量　　153

第八章
全球化風險下的庶民生存策略　　179

目錄

第九章
庶民與科技的共生之道　　207

第十章
資本權力與庶民對抗的策略　　233

第十一章
經濟公義的文化重建　　259

第十二章
希望的系統設計　　285

第十三章
社會階層與財富轉移　　309

第十四章
數位經濟下的新貧富差距　　331

第十五章
打造自己的財富藍圖　　357

結語　讓知識變成資產　　381

附錄　　385

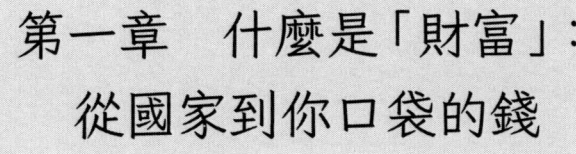

第一章 什麼是「財富」：從國家到你口袋的錢

第一章　什麼是「財富」：從國家到你口袋的錢

■ 第一節　財富的定義與誤解

　　我們常說「我要變有錢」，但這句話究竟是什麼意思？如果問十個人什麼是「有錢」，你可能會得到十種截然不同的回答。有些人覺得買得起房子就是財富，有些人認為年收入破百萬才算富有，更有人覺得能夠財務自由、不為五斗米折腰才是真正的有錢。然而，從經濟學的角度來看，財富遠不只是鈔票與銀行帳戶上的數字。

一、財富不只是錢：從亞當斯密談起

　　《國富論》的作者亞當斯密在 18 世紀首次以系統化方式思考「財富」這個概念。他認為，一個國家的財富並非僅止於它擁有多少黃金或白銀，而在於它的國民是否能夠享受到大量與多樣化的商品與服務。這個觀點在當時是一種顛覆性的革命思想，因為傳統觀念總認為貴金屬才是富足的象徵。

　　舉例來說，一個國家就算有大量金銀，但人民飢餓、衣不蔽體、無家可歸，那麼這樣的「財富」實際上只是幻象。相對地，如果一個國家的分工體系良好、產能充足、服務發達，那麼即使黃金儲備不多，其國民生活水準也可能高出許多。這就是亞當斯密強調的「生產力」與「分工」對財富的根本意義。

二、現代社會的財富誤解：高收入 ≠ 有錢人

我們進入 21 世紀之後，財富的定義變得更加多元，但也更加混亂。傳統社會中，地主、官員、資本家往往是財富的代表；而在現代，許多人則將財富等同於「高收入」。但這其實是一個常見的誤區。根據《富比世》雜誌的調查，美國有不少百萬年薪的科技工程師，雖然收入極高，但幾乎沒有儲蓄，甚至房貸、車貸壓力沉重，日常開支如履薄冰。他們可能住在豪宅開著特斯拉，但其實月光族的處境和你我並無二致。

有錢的真正指標，不應是收入的高低，而是資產淨值與現金流的穩定度。所謂「資產淨值」指的是你擁有的一切財產減去所有負債後的餘額，而不是你一年的薪資。真正的富有，應該是一種結構性與持久性的能力：即使你明天辭職，生活仍不會陷入危機，甚至還能繼續累積財富。

三、國家的財富與個人的財富：其實是同一件事

許多人認為國家的經濟發展與自己無關，只要賺到錢就好。這種想法在資訊時代中逐漸被打破。事實上，一個國家總體的經濟制度、勞動市場、稅收政策與金融體系，會直接影響到個人的財富累積效率。

以臺灣為例，過去幾十年從勞力密集型產業轉型為高科技導向，使整體人均所得顯著提升。然而，當中產階級面臨實質薪資停滯、資產價格上漲（特別是房地產），就會發現：整體國富增加，但個人未必更富有。這也是亞當斯密當初的理論提醒我們的 —— 國家的繁榮不能只是 GDP 的增長數字，而應該回歸到每個人是否真正受惠。

此外，財政政策與貨幣政策的制定，也會深刻影響你我的錢包。舉例來說，當中央銀行為了刺激經濟採行低利率政策時，存款利息降低，房價

卻飆升,那麼手中沒有資產的人將更難翻身,而持有資產者則越來越富。這種「資本的再分配」,其實就是現代社會財富結構化差距的源頭。

四、為何你會覺得「錢變少了」?

這幾年,許多人有一個直覺感受:「以前賺三萬可以過得不錯,現在五萬卻不夠用」。這種感覺並不是錯覺,而是反映了兩個經濟事實:通膨與生活結構的改變。

首先是通膨,也就是物價上漲。當物價每年以 3% 上升時,意味著十年後同樣的商品會貴上三分之一。如果你的薪資沒有同步成長,那麼實際購買力就會下降。這也是為什麼現代經濟學強調「實質收入」而非「名目收入」的重要性。

其次是現代生活成本變高了。不只是租金、交通、教育費用上升,社會的消費期待也大幅提升。以前大家覺得一支功能型手機就夠用,現在卻幾乎每年都得更新智慧型手機;以前週末在家看電視,現在每週至少要一次聚餐、出遊、看電影。消費文化的升級,讓「夠用」的門檻不斷墊高。

這樣的變化也提醒我們:若單靠增加收入,恐怕無法真正「變有錢」,更應該關注「如何保留與增值財富」。

五、財富的本質是一種選擇權

從亞當斯密的《國富論》,到當代理財專家的觀點,其實都指向一個核心:財富的本質是「選擇權」。有錢不代表你要花錢,而是你可以選擇不做某件事;不為生活所迫,不因經濟壓力而違背人生規劃。正如美國知名投資人納西姆・塔雷伯 (Nassim Taleb) 所說:「財富的真正意義,是擁有拒絕的自由。」

如果一個人月入三萬,卻每月能存下五千,逐步累積資產、投資理財、建立被動收入系統,那麼他比月入十萬、卻每月赤字五千的人,更接近財富的真義。因為前者擁有選擇、調整、甚至轉換人生路徑的能力;而後者雖然看似風光,卻被房貸、信用卡與升斗小民的生活束縛得動彈不得。

重啟你的財富觀

真正的財富,不是紙鈔堆疊,也不是房產證明,而是一種生活選擇權與經濟行動力的結合。當我們回歸經濟學最初的意義 —— 資源如何分配、如何創造價值 —— 就會發現每個人的財富起點並不一定是金錢,而是對知識與制度的理解。

■ 第二節　從亞當斯密談分工與富足

　　我們現在所熟悉的便利生活——超市貨架上的商品琳瑯滿目、隨手一點就能外送到家的便當、在手機上完成金融交易與遠端辦公——這一切的背後，其實都與一個極具影響力的概念有關：分工。這不只是一種生產方式，更是一種社會與財富運作的基石。亞當斯密早在西元 1776 年《國富論》中就指出，「分工是經濟富裕的源頭」。

一、分工為什麼能創造財富？

　　想像一個人試圖獨自完成生活中所需的一切。他得自己種糧、紡布、縫衣、蓋屋、製鞋、打鐵、做家具、甚至還要防身自保。結果會如何？肯定是又累又做不好。史密斯指出：「每個人專精於某一項工作，整個社會的生產力將遠高於人人樣樣通但樣樣鬆。」

　　分工帶來三大效益：

技能的熟練與效率提升

　　當人們重複從事同一工作，技巧會不斷精進，生產速度與品質也隨之提高。現代如臺灣的半導體產業中，一位技術員若只負責某段製程操作，往往比什麼都做卻樣樣不精的全才員工更具經濟效益。

節省轉換成本

　　若今天你得在一早寫報告、接著煮飯、再出門修車，光是「轉換狀態」的時間與精力耗損就極大。但若你專心做一件事，效率自然事半功倍。

促進技術與工具創新

當人們專精某一技術時，更容易開發出改善流程的工具與設備。例如專業木工可能發明更好用的鋸具，而不是萬能卻效率低落的多功能刀。

這三點背後揭示了一個觀念：富足不是靠個人努力的總和，而是靠社會網路下的合作與分工。

二、現代社會中的分工體系：你不是獨自過活

讓我們觀察你今天早上做的第一件事：刷牙。牙刷是誰做的？牙膏由哪些成分組成？包裝從哪裡來？水是誰供應？這些背後涉及數百個專業角色與環節的合作。你不需要認識他們，也不需要與他們交易，卻能在便利商店輕易取得商品。這就是「看不見的手」與分工結合的力量。

再看臺灣的物流產業。你下單一杯咖啡，平臺收到訊息，串聯附近的咖啡廳、外送員與金流服務商，在 20 分鐘內完成供應鏈任務。這些角色各司其職，形成一個高效率的經濟網路。這正是亞當斯密眼中的理想社會縮影：每個人追求自身利益，卻無形中促進了整體福祉。

三、全球化與數位化下的「新分工」

21 世紀的分工，不再只是工廠內部的任務分配，而是跨越地理與國界的合作網路。例如一支 iPhone 的誕生牽涉到設計在加州，晶片來自臺灣，組裝於中國，原料自非洲，行銷遍布全球。這種全球化的分工雖然創造巨大利潤與效率，但也伴隨風險：供應鏈中斷、產業過度集中、弱勢勞工被壓榨等。

而數位經濟更讓分工進化為「非物理型」的合作。遠端設計師與工程師可在不同國家共同開發一款 App，透過 API 串接各種服務，彼此從未謀

面卻能創造巨大商業價值。分工，從一開始的「你做 A、我做 B」，轉變為「你處理數據、我優化演算法、他負責行銷」，合作更加抽象，卻也更具威力。

四、分工也有代價：過度專業化的風險

然而，史密斯對分工的觀察並非全然樂觀。他警告過一個潛在問題：「過度的分工會使工人變得愚鈍。」也就是說，當人類的工作被拆解到極細的任務時，可能只會一輩子做一個動作，失去創造力與思辨能力。

這樣的警訊在現代尤其真實。在部分工廠中，工人每日重複扭螺絲、包裝商品、貼標籤，生活彷彿機器。長期下來，不但對職業發展毫無幫助，還可能造成身心健康問題。此外，AI 與自動化技術的崛起，更讓許多「高度重複性任務」的勞工被邊緣化。

這提醒我們：分工不應是機械式的服從，而應是激發專業與創造的舞臺。教育系統與職場應該幫助個體從「操作」走向「設計」、從「執行」走向「判斷」。

五、尋找屬於你的「價值位置」

在這樣一個極度分工與競爭的社會中，個人如何找到自己的定位？首先，我們應該問的不是「我能做什麼」，而是「我能創造什麼價值？」當代經濟學強調「比較優勢」而非「絕對優勢」：即使別人比你什麼都強，只要你在某件事上有相對高效率，就可以在分工體系中找到角色。

例如：某人可能不擅長寫程式、設計，也不會投資理財，但他具備溝通、整合資源與促成交易的能力，就可能成為極佳的專案經理。又或是你

不會烹飪，但擅長行銷，那麼開一間外送專賣的品牌廚房與合作廚師合作，也能在分工中創造價值。

　　這個社會不需要每個人都會做所有事，只需要你知道自己在哪裡能讓整體效率提升。那就是你的「價值位置」。

富足不是單打獨鬥，是合作的總和

　　亞當斯密的分工觀點提醒我們：財富並非孤立產生，而是透過社會合作、技能交換與網路互動中孕育而成。你今天能坐在咖啡廳看書，是因為無數人分別做好了他們的部分；你未來能累積財富，也取決於你是否在這個體系中找到自己的價值，並持續貢獻。

第一章　什麼是「財富」：從國家到你口袋的錢

■ 第三節　當代社會的財富評價標準

在這個手機一滑就是名牌精品、社群媒體充斥炫富照的時代，「財富」看起來彷彿是一種可以被打卡、按讚和量化的存在。但究竟什麼是真正的富有？是銀行戶頭的數字？是擁有的不動產？還是自由選擇生活方式的能力？本節將透過經濟學的視角，解析當代社會對財富的評價標準，並探討這些標準如何影響我們的生活、選擇與價值觀。

一、財富的錯視：數字、標籤與表象

在傳統經濟學中，財富指的是一個人所擁有的可交易、有價值的資產，包含金錢、不動產、金融工具、企業股份等。不過，到了 21 世紀，財富的概念開始變得更加複雜而具象徵性。最明顯的表現，就是社會對於「可見資產」的重視。

開名車、住豪宅、穿高端品牌，這些外顯符號被當作財富的象徵，甚至成為階層認同的指標。根據社會心理學研究，炫耀性消費（conspicuous consumption）往往與地位焦慮密切相關。也就是說，許多人的消費行為其實不是為了滿足生活所需，而是為了強化他人對自己經濟地位的認知。

這導致了一種扭曲的現象：收入高、資產負債表看起來漂亮的人，實際上可能入不敷出。反之，那些外表簡樸、不露財的人，才是資產累積型的真富人。

這點可從《鄰家百萬富翁》(The Millionaire Next Door) 一書中獲得印證。該書調查發現，美國多數百萬富翁並不住在豪宅區，也不開豪車，而

是過著節制、低調的生活。他們將收入用於投資與資產增值，而非消費性的炫耀。

二、當代財富的兩種路線：收入導向 vs. 資產導向

理解現代財富的評價標準，不能只看「賺多少錢」，還要看「錢留住了多少、錢變成了什麼」。這裡可以區分出兩種不同的財富累積方式：

收入導向型財富

以提高薪資、事業收入為目標。這種模式較依賴專業技能與勞動價值，但容易受景氣、就業市場影響。例如工程師、律師、醫師雖然高收入，但若無有效儲蓄與投資規劃，仍可能「高薪貧窮」。

資產導向型財富

強調累積能產生被動收入的資產，如不動產、股票、基金、企業股份等。這種財富一旦建立，具備現金流持續產出的能力，較不受單一收入來源的風險影響。

現代經濟學家如羅伯特·清崎（Robert Kiyosaki）即強調：「富人購買資產，中產購買負債，窮人只支付帳單。」這句話的本質在於財富不是收入高低，而是是否能產生持續性的資源流入與風險抵禦能力。

三、新興的財富評價標準：自由時間與生活質量

近年來，另一種更具後現代色彩的財富觀悄悄興起。這種觀點不再將財富等同於物質，而是關注「時間掌控權」、「心理自由度」與「生活品質」。這也就是所謂的「財務自由運動」（FIRE：Financial Independence, Retire Early）的核心概念。

這群倡議者認為,一個人是否富有,不在於收入與財產多寡,而在於是否能夠自由決定自己如何使用時間。這些人透過極度節省、投資資產與建立被動收入,希望在四十歲前退休,或至少達到選擇工作的自由。

這樣的觀念挑戰了傳統社會對「努力工作才是有價值」的看法,也讓更多人重新思考:財富究竟是過度工作後累積的存款,還是可支配人生的能力?

四、社會結構下的財富衡量:你被定義了嗎?

不容忽視的是,財富的評價也受到社會結構與文化脈絡的深層影響。在以階層與資本為主導的社會中,財富常被作為「社會位階」的象徵工具,導致資產的象徵性被不斷放大。

在臺灣,購屋率被視為穩定的象徵,因此即使租屋制度逐漸成熟,許多中產階級仍傾向「有房才有未來」。這種文化上的壓力,往往讓年輕人在財富累積初期就背負鉅額房貸,實質上限制了資金的彈性與流動性。

同時,財富衡量也與政策密切相關。若政府統計的「家庭中位數收入」與「社會基本工資」未能貼近實際生活成本,就會出現所謂「虛假中產」現象。也就是表面上看起來符合中產條件,但實際上生活緊繃,無法應對突發狀況。

五、建構你自己的財富評價標準

在這個財富定義高度流動的時代,我們應學會建立屬於自己的評價尺度,而非盲從社會灌輸的框架。你可以從以下三個角度思考:

你真正在意的是什麼？

如果你重視家庭時間，那麼財富的指標不應只是收入，而是能否擁有穩定時間陪伴家人的能力。

你是否具備可持續的財務系統？

無論你現在收入多少，是否有一個讓資產穩定增值與被動收入增長的機制？

你對未來的控制感有多高？

真正的財富，不是今日擁有什麼，而是你面對明天是否具備選擇與調整的能力。

以這樣的觀點來看，你會發現財富不是單一標準，而是一種多維度的「生活整合度」：它涵蓋經濟資源、時間自由、風險抵禦力、身心健康與關係品質。

財富應是解放，不是枷鎖

當代社會的財富觀常讓人陷入追求數字與符號的迷霧，但經濟學的本質提醒我們，財富的真正價值在於提升選擇自由、生活彈性與未來安全感。無論是亞當斯密的「國民能享有多樣商品」、羅伯特・清崎的「資產產生現金流」，或是 FIRE 運動強調的「時間自主」，都指向同一件事：財富是讓人生更自由的工具，不該成為主宰你選擇的主人。

第四節　國家經濟與個人財富的連結

很多人常說「經濟政策是政府的事,我只要顧好自己就好」,但事實真的如此嗎?其實,國家層級的經濟結構與政策,每天都在無形中影響你我的錢包、房貸利率、投資報酬、甚至孩子未來的就業機會。個人財富從來不是孤立運作的,它深植於國家經濟的制度根基與發展軌跡之中。從亞當斯密開始,經濟學就強調「整體環境」對個人行為的影響,本節將拆解國家經濟如何具體作用於個人財富的形成與流動。

一、GDP 成長與你的薪水真的有關嗎?

國內生產毛額（Gross Domestic Product, GDP）是衡量一國經濟總體活動的指標,也是政府、媒體與投資人最常引用的經濟數據。當 GDP 成長數據亮眼時,我們會聽到官員說「經濟表現良好」;然而許多民眾卻會反問:「那為什麼我感覺越來越窮?」

這中間的落差,其實來自兩個關鍵:

GDP 是總體數字,無法反映分配情況

一國 GDP 可能因科技出口、金融產業、地產開發而成長,但所得卻未必平均分配。若大部分成長利益集中在少數資本擁有者手中,那麼中下階層可能不升反降,導致「國富不等於民富」。

成長模式若缺乏「包容性」,會加劇貧富差距

根據經濟合作暨發展組織（OECD）報告,若經濟政策未能同時強化社會安全網與教育資源分配,GDP 的成長可能會伴隨社會流動性的下降,形

成一種「成長陷阱」。

這提醒我們：經濟成長本身不是目的，而應是提升全體國民生活品質的手段。真正有價值的 GDP 成長，應該能讓薪資提高、就業穩定、創業環境友善、以及社會資源更為普及。

二、國家政策如何影響你的財富累積

一個國家財富如何流動，往往是政策設計的結果。從教育政策到稅制制度，從貨幣政策到房市調控，每一項宏觀決策，都在不知不覺中改變著個人財富的可能路徑。

以**稅制**為例，若政府對資本所得（如股利、不動產增值）課稅極低，對薪資所得課稅極高，將導致富人愈來愈富，勞工階層財富成長遲滯。反之，一個強化「資本課稅、減輕薪資負擔」的稅制，有助於促進社會流動與財富再分配。

再以**金融政策**來說，中央銀行調整利率，會直接影響房貸負擔與企業融資成本。利率過低雖有助於促進消費與投資，但也可能讓資產泡沫膨脹，壓縮無房族與年輕人的生存空間。

另外，**教育與產業結構**的政策也同樣關鍵。若國家投資在高等教育不足、或過度集中在特定產業，將使大量年輕人畢業後進入低薪市場，形成「學非所用、薪資低迷」的惡性循環。

三、當產業升級，你跟得上嗎？

一國的產業結構轉型，雖然可創造新的經濟動能，但若缺乏對應的人才培育與社會支持，將導致嚴重的結構性失業與財富排擠。

例如臺灣從 1980 年代勞力密集產業逐步轉型為以科技為主的高附加

價值產業，整體出口與 GDP 成長表現亮眼。然而，許多原本從事傳統製造業的中高齡勞工，卻無法順利轉入新興產業，陷入失業、轉業困難甚至貧窮化的困境。

這種「分斷型經濟發展」提醒我們，國家升級的腳步如果缺乏全民共享的設計機制，則將造成階級流動停滯與財富集中，長遠而言不但降低社會公平，也可能阻礙國家整體競爭力。

四、福利制度與財富的風險緩衝

國家的社會福利制度，對個人財富安全性也具有關鍵意義。當你面臨失業、生病或家庭突發事件時，一個健全的社會保險與支持系統，能夠大幅減少你經濟崩潰的風險。

以北歐國家為例，其高稅負對應的是高保障：從失業救濟、育嬰補助、退休金、到全民健保，幾乎涵蓋人生每一個可能的風險。這樣的制度不僅提供個人生活穩定，也促進消費與創業意願，反而成為一種經濟活力的來源。

相對地，若國家缺乏健全福利制度，則個人必須自行承擔所有風險，導致人們不敢辭職、不敢創業、不敢投資，也就難以真正實現財富增長的可能性。

五、財富與制度：你在哪個遊戲規則中？

財富的形成，並非完全取決於個人努力，而是你所處的「制度環境」決定了遊戲的規則與起跑點。在制度透明、公平競爭的國家，努力有機會轉化為成果；但在制度扭曲、法治薄弱的社會，資源往往集中在少數人手中，一般人幾乎無法翻身。

在現代經濟學中,「制度經濟學」強調法律、政治、文化等非市場因素對經濟成果的影響。例如:美國在 19 世紀發展的關鍵,不只是技術創新,而是其對財產權保護、合約執行與公司制度的建立。這些制度讓創業者與投資人能夠放心投入,進而推動整體經濟進步。

同理,若一個國家鼓勵壟斷、裙帶關係盛行,則即便 GDP 成長,也難以真正提升全民的財富機會與生活品質。

理解大局,掌握個人行動的機會點

你無法脫離國家經濟而獨立發財,就像魚無法在沒水的地方游泳。真正聰明的財富建立者,會學習理解國家的經濟政策與制度設計,找到自己最有利的位置與時機。這不代表你要成為經濟學家,而是要擁有一種「經濟敏感度」:知道什麼時候應該保守、什麼時候可以擴張;明白哪個產業正在崛起、哪種資產可能泡沫;能看懂政策背後對你真正的影響。

■ 第五節　為什麼你會覺得「錢變少了」？

如果你和多數人一樣，近幾年時常會有一種無法言喻的困惑：明明薪水有漲、收入比過去高，卻總覺得錢更不夠花了？一杯咖啡從三十元變成七十元、便當從六十漲到一百、房價一坪喊到百萬，無論怎麼努力節流或加班存錢，仍舊像是在原地打轉。這種現象絕非錯覺，而是結構性的經濟現實。

本節我們將從通貨膨脹、實質薪資、生活結構變遷、資本擠壓效應與金融化社會五個角度，具體解釋為什麼越來越多人有「錢變少了」的感受。

一、名目薪資與實質薪資的差距

當媒體報導「平均薪資年年上升」時，我們不禁會懷疑：怎麼那份成長數據好像都與我無關？關鍵在於「實質薪資」與「名目薪資」的概念。

名目薪資（Nominal wage）指的是你帳面上拿到的金額，而實質薪資（Real wage）則是將通膨因素考慮進去後的「購買力」水準。例如：若你薪資從三萬元提升到三萬六千元，但同期物價指數上漲了 30%，那麼你其實沒變富，甚至還變窮。

根據主計總處統計，臺灣平均名目薪資自 2010 年後雖有緩慢成長，但實質薪資幾乎呈現停滯狀態，部分年分甚至倒退。換句話說，賺錢速度趕不上物價上升的速度，生活品質自然會下滑。

二、通貨膨脹的隱性侵蝕

通膨（Inflation）是一種貨幣購買力的下降。雖然年增率看似僅 2～3%，但這種「緩慢侵蝕」對個人財務的長期影響卻十分驚人。

舉個例子：你存了一百萬元在銀行，十年不動，利率低、通膨穩定地維持在 2%，看似沒問題，但其實你未來的一百萬元只剩下現在的 82% 左右購買力。這還不包括實際利率為負的情況──當存款利率（如 1%）小於通膨率（如 2.5%）時，你存在銀行的每一天都在「默默貶值」。

而且通膨往往是選擇性的：薪資不漲、生活必需品卻大漲。例如：教育、醫療、房租、育兒成本這些與生活品質密切相關的支出，近年上漲幅度遠高於整體物價水準。這些支出一方面是「不能不花的錢」，一方面又無法簡單替代，結果就是家庭經濟壓力日益沉重。

三、生活結構的轉變：你的支出變了

回顧 30 年前的家庭開支結構，大宗支出多數集中在食物、交通與基本生活開銷。然而，現代人生活已高度「平臺化」與「數位化」，這帶來了大量非必要但難以抗拒的新支出：

- 手機、網路費用變成基本支出；
- 串流平臺、線上課程、雲端儲存等訂閱型服務成為習慣；
- 服裝、旅遊、美食的消費頻率顯著提升；
- 社群媒體推升了「比較式消費」與「即時享樂」的欲望。

在這樣的消費環境下，即便你的收入成長，支出的品項與頻率卻以更快速度擴張。財富的流動從「累積型」變成「流失型」，使你總覺得「錢一直在流走」，甚至還來不及留下。

四、資產價格上漲帶來的擠壓效應

「錢變少」的一大感受來自於房價與資產市場的全面上升，使得未擁有資產者無法跨過「進場」的門檻。

以臺北市為例，根據內政部實價登錄資料，自 2010 年起房價中位數漲幅超過七成，遠遠高於同期薪資成長。這表示多數年輕人靠薪資根本追不上資產價格的增速，買房從一種人生選項，變成了近乎不可能的夢。

不僅如此，房租、保險費、育兒開銷也隨之水漲船高，進一步削弱實際生活的可支配餘額。當你還在為頭期款煩惱，有人已靠資本增值翻倍獲利。這就是典型的「資本擠壓勞動」現象，讓你即使勤奮工作，也感受不到財富的累積。

五、金融化社會的高槓桿風險

近 20 年來，全球經濟進入金融化 (financialization) 時代。也就是說，經濟成長與個人財富愈來愈依賴金融操作與資本流動，而非傳統的勞動生產。

這使得許多人開始接觸信用貸款、投資槓桿、房貸寬限期、信用卡循環利息等金融工具，試圖提前享受未來的收入。然而，一旦經濟波動、資產貶值或收入中斷，這些原本的助力就會瞬間變成壓力。

根據金融監督管理委員會統計，臺灣家庭平均負債比率逐年上升，許多家庭在無形中已背上沉重債務，甚至需要「借錢還債」。這種以債養生活的狀況，讓人即使收入尚可，也難以擁有穩定的財務安全感。

第五節　為什麼你會覺得「錢變少了」？

不是你懶，是系統變了

　　如果你總覺得錢變少了，請別急著懷疑自己努力不夠，而是應該重新檢視整個經濟系統對個人生活的影響。實質薪資停滯、通膨蠶食、資產擠壓與金融風險，構成了一個新型態的「生活陷阱」。而要破解這個陷阱，唯有從制度認識、理財策略與資產分配三個層面同步調整。

第一章　什麼是「財富」：從國家到你口袋的錢

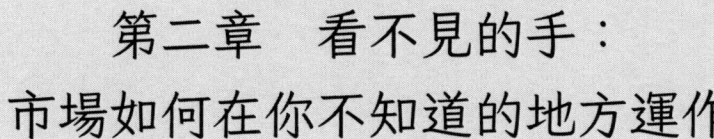

第二章　看不見的手：
市場如何在你不知道的地方運作

第二章　看不見的手：市場如何在你不知道的地方運作

■ 第一節　自由市場的原理

　　我們每天都生活在市場裡，卻很少停下來問：「市場到底是怎麼運作的？」為什麼超商知道該進多少咖啡？Uber 為什麼能在五分鐘內叫到車？手機上的廣告怎麼總能「精準推播」你最近在想買的東西？這些背後的力量，其實都源自於一個關鍵概念──自由市場（free market）。

　　自由市場不只是商業的機制，更是一種分配資源、決定價格與刺激創新的體系。它是亞當斯密經濟哲學的核心概念，並深深影響了近三百年的現代經濟制度。本節將拆解自由市場的基本原理、關鍵條件、實際案例與潛藏風險，讓你真正理解這隻「看不見的手」是如何在你生活中悄悄運作的。

一、什麼是自由市場？

　　自由市場是指一個價格與交易由市場機制──也就是供需──自然決定的經濟體系。換句話說，沒有人強迫你買賣、政府不干預價格與產量，所有行為都是基於個體的自由選擇與利益追求。

　　在亞當斯密的《國富論》中，他用一個深具啟發性的說法來形容這種市場機制：「每個人雖然只關注自己的利益，但彷彿有一隻看不見的手，引導他去促進社會的整體福祉。」

　　舉例來說：一位麵包師傅為了養家餬口，每天努力烘焙麵包，不是出於慈善，而是為了賺錢。但他透過不斷改善品質與控制價格，最終讓整個社區都能買到便宜又好吃的麵包，這就是自由市場中「個人追利卻促進集體利益」的典型運作邏輯。

二、自由市場運作的基本機制：供需、價格與競爭

要理解自由市場如何運作，必須先掌握三個關鍵機制：

供需機制（Supply & Demand）

當某商品供不應求時，價格上升，吸引更多廠商生產；反之，需求下降時，價格下跌，產量自然減少。這種動態調節讓資源自動流向「最需要」的地方。

價格信號（Price Signal）

價格在自由市場中就像導航器一樣，告訴所有人該做什麼決策。高價格鼓勵供應、低價格鼓勵消費，雙方透過價格找到最適合的交集點。

競爭機制（Market Competition）

當市場對手越多，商品品質與服務水準自然提升，價格也因競爭而降低。這不僅讓消費者獲益，也逼迫企業創新與效率提升。

這三大要素構成自由市場的「自我修正能力」。當某一環節失衡時，其餘環節會自動調整，回到一個相對穩定的平衡點。

三、自由市場的真實世界案例

美國：共享經濟平臺的興起

以 Uber、Airbnb 為代表的共享經濟，是自由市場思維的典範。這些平臺沒有中央配置車輛或房源，而是透過動態價格、即時媒合與雙向評價，創造出一個高度自發且效率極高的交易網路。

乘客價格敏感，會選擇最划算的時間叫車；駕駛根據價格與需求選擇是否出車。這種「去中心化決策」機制，在傳統計程車產業中幾乎無法實現。

日本：農產品市場的價格機制

日本農業協會（JA）為了維持農民生計與市場穩定，推動「拍賣式市場」，讓不同地區的農產品依品質與供需變動，自由競價。在這樣的自由市場中，產地努力提升品質以獲得高價，消費者也能根據預算選擇不同等級產品。

臺灣：手搖飲市場的價格競爭

臺灣的手搖飲市場堪稱自由市場的縮影。百家爭鳴的品牌、創新口味與價格策略，都反映了市場力量的自動調節效應。當珍奶價格一度飆升至70元以上，引發消費反彈與媒體關注，業者紛紛推出平價選項，市場自然回穩。

四、自由市場不是「無政府市場」

很多人誤解自由市場就是「完全不受控的放任經濟」，事實上，自由市場的運作需要許多前提條件，包括：

- **資訊透明**：消費者要知道產品價格與品質才能做出正確選擇。
- **公平競爭**：避免壟斷與不當優勢，保障新創進入。
- **財產權明確**：無法確保擁有權，就無法鼓勵投資與創新。
- **法治與契約執行**：若契約無效，市場就無法建立信任基礎。

當這些條件不成立時，自由市場就會變成「強者恆強、弱者被壓」的無序市場，也就是所謂的市場失靈（Market Failure）。

五、自由市場的局限與挑戰

自由市場並非萬能，近年來全球社會逐漸正視其潛藏的局限：

- **財富分配不均**：市場傾向獎勵資本持有者，若無配套政策，容易造成貧富差距惡化。
- **外部成本無法內部化**：像是汙染、氣候變遷、過度開發等，都不是市場價格能完全反映的。
- **資訊不對稱問題**：當一方擁有過多資訊優勢時，如金融市場的內線交易，市場就無法公平運作。
- **消費者行為並非總是理性**：行為經濟學指出，人們常受到情緒、習慣與認知偏誤影響，違背傳統市場理論預期。

因此，現代經濟學強調「自由市場＋適度規範」的混合型制度。透過法規、公平競爭機制與社會保障補強自由市場的不足，才能實現效率與公平兼具的經濟運作。

當自由不再是「放任」，而是「選擇的能力」

亞當斯密提出自由市場的觀念時，所思所想的不是今日華爾街的金融遊戲，也不是某些壟斷企業壓制創新的現象。他所構想的是一個人們可以依照自身利益做選擇，進而促進整體社會富足的秩序。真正的自由市場，並不意味著一切無序與放任，而是透過制度保障選擇權，讓創造力、交易與資源流動成為一種常態。

▊ 第二節　為什麼分工會帶來效率？

在亞當斯密的《國富論》開篇中，有一段被無數經濟學者引用的例子——「別針工廠」。他描述一座生產別針的小型工廠中，若每個工人單打獨鬥，從拉線、切段、打磨到包裝都一手包辦，一天頂多只能做出幾支別針；但若每位工人只專門負責某一環節，則整體產出會以數十倍成長。這就是「分工」的力量，也是效率提升的源頭。

今天的我們可能已遠離工廠與別針，但分工的邏輯早已深入日常：一杯手搖飲從原料採購、生產、配送、門市銷售到行銷推廣，各自由不同專業團隊負責，才能在短時間內、用合理價格，將飲品送到你手中。這節我們將深入解析，分工為何能有效提升效率、降低成本與擴大價值，並探討現代社會在分工體系下的新挑戰。

一、分工的三大效率來源

根據經濟學的基本原理，分工可以提升效率的原因主要有三個：

專業熟練效應（Specialization）

當一個人長期從事同一類任務，會累積經驗、技巧與知識，使得工作完成速度加快、錯誤率降低、品質穩定。例如：專職設計師對圖像排版的敏銳度，遠超過偶爾接案的兼職人員。

節省切換成本（Reduced Transition Costs）

若一人同時處理多樣工作，便需不斷切換工具、空間與腦力資源，造成效率浪費。分工讓每個人聚焦單一任務，不僅節省時間，也降低了設備與心智資源的浪費。

促進創新與工具改良 (Innovation and Tools Development)

當某項任務高度重複且集中,便會激發人們設法「偷懶」,也就是發明更有效率的工具或流程。例如電子業的自動化設備,就是源自於對高頻率動作的優化需求。

簡而言之,分工讓人更擅長、更快速地完成特定任務,也促進整個體系的生產力成長。

二、從別針到半導體:分工如何翻轉產業

讓我們從亞當斯密的別針工廠跳躍到現代的台積電。這間世界領先的晶圓代工企業,其生產流程幾近微觀,每個步驟都由不同團隊、不同供應商、不同技術系統支援:

- 設計由客戶(如蘋果、NVIDIA)負責;
- 照明與蝕刻設備來自荷蘭 ASML;
- 矽晶圓供應商分布於全球;
- 生產線內部則細分數百道製程,從氧化、光阻、曝光到蝕刻、植入、鍍金。

沒有任何單一公司或工程師能獨自完成這一切,但正是這種分工的極致合作,才造就了臺灣半導體奇蹟。這個例子不只印證了分工能提升效率,更說明了分工如何促進「價值鏈」的形成:每一環節專注在自己的強項,最終合力創造出超越個別貢獻的總體成果。

三、分工如何影響個人：找出你的比較優勢

在個人層次，分工概念轉化為「比較優勢」的理論 —— 即使你在所有事情上都不是最強，但只要你在某件事上的「相對效率」高於其他人，就值得專注發展，並與他人交換合作。

舉例來說：你或許同時會寫程式與做財報分析，但若你的程式能力達到 90 分、分析能力為 70 分，而你的同事剛好相反，那麼由你負責開發軟體、對方負責財務模型，整體效率將大幅提升。這正是哈佛經濟學者大衛・李卡多在「比較利益理論」中的核心觀點。

因此，在職場與創業領域，真正的關鍵不是「什麼都會」，而是「知道自己在哪一點上比別人更有價值」，並懂得與他人互補合作，創造合計效益。

四、分工的副作用：斷裂、倦怠與失衡

雖然分工帶來了效率，但它也並非沒有代價。現代社會下，分工過度導致許多新的社會與心理問題：

- **工作片段化（Task Fragmentation）**：你可能終其一生只操作一個流程的一小段，缺乏對整體成果的理解與成就感。
- **勞動倦怠與創造力喪失**：過於重複與單調的任務會削弱主觀動機，進而導致生產力下降與離職率上升。
- **社會合作的弱化**：在高度分工的體系中，個人容易失去「社會連結」感，因為每個人只對自己一小塊的責任負責，導致團隊默契與整體認同感缺失。

這些問題促使現代組織逐漸強調「跨功能合作」(Cross-functional teams)，以重拾分工與整合之間的平衡。

五、數位時代下的分工革命

隨著科技進步與遠距工作興起，分工邁入一個新的階段 —— **全球雲端分工**。在這個新體系中，地理界限被打破，跨國合作變成常態。

例如，一個位於臺北的品牌創業者，可以：

- 請印度程式設計師開發後臺；
- 與烏克蘭設計師合作網站視覺；
- 透過阿根廷的虛擬助理處理客服；
- 使用 AI 工具自動產出社群文案。

這種新型分工建立在平臺與技術基礎上，雖提升彈性與成本效率，卻也帶來勞動不穩定、數位壓榨與個人邊界模糊等新挑戰。

因此，未來的分工不再只是「做一件事做到好」，而是「懂得與各種資源合作」，並掌握整體價值鏈的運作模式。換言之，懂分工者，才能有效地在數位經濟中站穩腳步。

效率來自理解自己的定位

從別針工廠到雲端平臺，分工的本質始終如一：讓每個人專注在自己最能創造價值的領域，並與他人互補合作，共同擴大經濟成果。真正的效率，不是拚命把每件事都自己做完，而是理解「我該做哪件事、和誰合作最有效」。

第二章　看不見的手：市場如何在你不知道的地方運作

■ 第三節　供需法則背後的生活邏輯

你是否曾經因為便當漲價而改吃泡麵？或在演唱會票價太高時乾脆選擇看直播？這些日常選擇，其實都在遵循一個核心原則：供需法則（Law of Supply and Demand）。這是市場運作中最簡單、也最強大的邏輯。從商品價格、房租、利率到工資，它無處不在，主導著我們的經濟決策與生活行為。

本節將從生活化的觀察出發，讓你理解供需法則不只是課本上的曲線圖，而是每日每刻影響你選擇的「經濟語言」。同時，我們也會拆解供需失衡時可能產生的市場扭曲、價格泡沫與政策風險。

一、供需法則是什麼？最基本的經濟語言

供需法則的核心觀點是：

- **當需求增加、供給不足時，價格上漲；**
- **當供給過剩、需求下降時，價格下跌。**

這套邏輯形成市場自我調節的機制，也是「看不見的手」實際操作的方式。舉個簡單的例子：炎炎夏日手搖飲賣得特別好，茶飲店看見需求升高，便提高價格；消費者一開始願意買單，但當價格過高，部分人轉喝超商咖啡，需求下降，價格隨之調整回落。這就是一場供需力量的拔河。

市場價格其實不是老闆隨意喊出來的，而是消費者願意付多少、廠商願意供應多少的綜合結果。

二、生活中你早就在用的供需邏輯

1. 排隊效應與稀缺溢價

iPhone 新品上市總是大排長龍，這不單是果粉的信仰，也是蘋果公司精準掌握「供不應求」所創造出的稀缺心理。透過限量策略與排隊氣氛，產品不但溢價成功，也營造了品牌價值。

2. 二手市場與價格浮動

你或許曾在蝦皮上賣過二手書、二手手機，那你就已經參與了一場小型自由市場。物品若熱門搶手（高需求）、市場上稀有（低供給），即使是二手品也能賣高價；反之，滯銷商品即使新品也可能賠售出清。

3. 交通與房價的微妙關係

捷運新站一開，附近房價幾乎立刻上漲。原因在於交通改善創造了新需求，而短期內房屋供給固定，價格自然拉高。這也解釋了為何都市土地價格高昂 —— 土地供給幾乎固定，而生活與工作的需求卻不斷集中於城市。

4. 預售制與動態定價

現在許多服務採用「動態價格」模式，如航空公司、Uber、旅館訂房網站等，根據需求熱度與供應狀況即時調整價格，讓利潤最大化、資源分配最有效率。

這些例子都說明：供需不只是企業用的策略，而是消費者與生產者彼此談判、協商的自然語言。

三、價格不是由成本決定的

許多人以為「價格」應該根據「成本」訂出來，但現實中，**價格是由市場決定的，而非成本加總得來的。**

一杯咖啡的豆子、牛奶與杯子可能成本只有 20 元，但你願意在星巴克花 150 元買一杯，是因為你認同品牌、環境與體驗的價值。這就是供需與心理價值共同作用的結果。

反之，有些產品即使生產成本高，卻乏人問津，只能賠售或退場。例如小眾文創品牌若無法創造市場需求，再怎麼精緻也難以存活。

經濟學家鮑莫爾（William Baumol）曾說：「沒有需求，所有的生產都是浪費。」這句話提醒我們，市場的核心不是產品，而是願意付出代價的需求。

四、當供需失衡：泡沫、短缺與政府干預

自由市場雖強調供需自我調節，但實際運作中仍常出現失衡狀況：

1. 資產泡沫

當資金大量湧入某類資產，如房地產或科技股，需求快速飆升，供給追不上或難以立即調整，價格迅速上漲形成泡沫。一旦市場信心崩潰，需求驟減，價格暴跌，便可能引發金融危機。例如 2008 年次貸風暴就是供需失衡造成的典型悲劇。

2. 生活用品短缺

疫情期間，口罩與衛生紙一度出現瘋搶潮。這些現象反映了突然爆發的「非理性需求」與供應鏈延宕，造成短期內的市場失控。此時政府往往需介入限價、徵用或補貼，暫時平抑市場波動。

3. 政策性價格扭曲

某些政府會為了穩定民生,設定「管制價格」。例如農產品價格保證制度、最低工資制度或房租凍漲政策,雖有短期效果,但若未搭配其他措施,長期可能導致供給減少、黑市出現或資源錯置。

這些案例說明,供需法則雖強大,但也需配套政策與制度引導,避免偏離現實或形成社會風險。

五、學會用供需眼光看世界

掌握供需邏輯,不只對投資與創業有幫助,更是一種理解世界運作的思考工具:

- 當你看到某產業突然爆紅,問自己:是剛性需求還是熱錢炒作?
- 當你評估要不要學某項技能,思考:這個專業的市場需求是否穩定、供給是否已飽和?
- 當你看新聞說某商品或服務漲價,想一想:是需求提升還是供給出現問題?

你會發現,很多經濟問題其實都能回歸到一句話:「這東西,有多少人想要?又有多少人能供應?」

這種邏輯的敏銳度,就是經濟直覺(economic intuition),而這種直覺,將會是你面對快速變動市場時最關鍵的競爭力。

第二章　看不見的手：市場如何在你不知道的地方運作

> **讓選擇與價格更有意識**
>
> 　　供需不是冷冰冰的圖表,而是我們每天做選擇的底層邏輯。當你了解價格如何反映稀缺性、如何引導資源流動,你就能更精準地理解市場脈動與未來趨勢,也更能為自己的財富決策負責。價格從來不是命運的安排,而是你、我、他共同決定的選擇總和。

第四節　干預與自由的邊界

當市場出現亂象時，政府該不該出手？當蛋價飆漲、房價失控、物資短缺、企業壟斷，我們直覺會期待政府「管一管」。但反過來，當政府政策過度干預時，市場效率反而可能受到破壞，資源分配失靈，甚至扭曲整體經濟結構。

亞當斯密雖主張自由市場，但他並不主張「無政府狀態」。他強調政府應該扮演「守夜人」角色——維護法律、保障財產、提供基礎建設與教育。現代經濟學者則不斷在思考：在「自由市場」與「必要干預」之間，應該畫出怎樣的界線？

本節我們將從經濟自由的原則、政府干預的理由、成功與失敗的案例、以及適度管制的設計，深入探討這條自由與干預之間的動態邊界。

一、自由市場的必要條件，不等於放任不管

自由市場的理想條件包括：

- 多數供應者（避免壟斷）
- 完整資訊（避免詐欺與資訊不對稱）
- 價格自由調整（供需引導）
- 私有財產保障（資本信心來源）
- 法治制度維持秩序（契約信任）

若這些條件不具備，自由市場便會失靈。例如：某地區只有一家自來水公司，若不受管制，便可能哄抬價格，侵害消費者權益；又或是食品產

第二章　看不見的手：市場如何在你不知道的地方運作

業若缺乏衛生監管，便可能導致公共健康風險。

因此，政府在自由市場中應扮演的角色不是「主導者」，而是「設計者」、「裁判者」與「修正者」：

- 設計制度：制定規則讓競爭能公平展開
- 裁定爭議：保障契約能被執行，處理商業糾紛
- 修正市場失靈：針對資訊不對稱、外部性、公共財等問題進行補強

二、什麼情況下需要政府介入市場？

根據現代經濟學理論，以下五種市場失靈情境，通常是政府介入的正當理由：

外部性（Externalities）

當私人交易影響到第三方，卻未反映在價格中。最常見的例子是汙染。若工廠排汙不必付出代價，市場價格就無法反映真實社會成本，政府就需介入課稅或設限。

公共財（Public Goods）

如國防、治安、燈塔等無法排他、難以計價的服務，私人市場無利可圖，不會自發供應，政府需提供。

資訊不對稱（Asymmetric Information）

醫療、保險與食品等產業，若消費者資訊不足，極易被誤導或剝削，政府需透過監管與揭露機制保障市場透明。

壟斷或寡占（Monopoly/Oligopoly）

市場中若出現主導力量操縱價格與產量，將扭曲資源分配。政府需制定反壟斷法、防止操控。

不完全競爭下的社會正義問題

像是勞工權益不足、居住正義失衡等，會造成社會不穩與階級固化，政府有責任透過補貼、稅收或分配政策，維護基本公平。

這些干預並非打擊市場，而是「校正市場」回歸健康運作狀態。

三、成功的干預案例：市場與政策的良性互動

1. 瑞典的社會企業模式

瑞典的教育、醫療與交通等公共服務，雖由政府補助，但大量交由民間經營，並透過法規確保品質與競爭。這種「公辦民營」模式避免了官僚低效，也保有市場機制，成為全球參考的社會經濟制度。

2. 臺灣全民健保

健保制度屬於「強制參與、集中資源」的市場外制度，但因設計出相對透明的價格支付標準與健保點數管理，也讓醫療資源能相對公平地分配，兼顧效率與正義。若完全交給市場運作，許多中低收入者可能將被醫療排除在外。

3. 美國反壟斷法實踐

早在 19 世紀末，美國就針對石油、電力等壟斷產業立法拆分企業，如拆解 AT&T 與微軟壟斷案，確保市場競爭環境。即使在資本主義最自由的國家，政府也不能放任巨頭無限擴張。

四、干預過度的風險與代價

儘管適度干預有其正當性，但一旦過度，則會出現下列負面效應：

價格扭曲與黑市形成

當政府強行壓低價格（如凍漲房租、強制低薪），會抑制供給者動機，導致市場短缺與黑市交易。

資源分配失靈

政策若將補貼大量導向低效率產業，會造成「僵屍企業」存在，拖累整體生產力。

依賴心理與道德風險

若民眾習慣政府補貼或救助，將削弱風險意識與自立能力，導致財政負擔惡化。

創新被壓制

像是價格上限法可能打擊新產品開發；若企業無法靠技術與品質取價，也無法投入創新研發。

因此，政府干預的設計，應以「必要性」與「可退出性」為原則：即該干預時出手，市場恢復後則逐步退場，避免政策僵固化。

五、設計一個健康市場：政府與市場的合作關係

面對市場與政府這兩大力量，現代經濟學越來越傾向一種混合模式（Mixed Economy）：不是市場對政府的對立，而是相互補位與合作。

設計健康市場的五項原則如下：

- **制度明確**：讓市場知道遊戲規則，穩定預期
- **監管中立**：不傾向特定企業或利益集團
- **風險管控**：特別對於金融、能源、醫療等高風險產業
- **促進競爭**：避免壟斷，鼓勵新創與多元供應者
- **照顧弱勢**：設立底層安全網，避免市場淘汰造成社會失衡

這樣的設計，不但能維持市場效率，也能讓經濟成長成果真正回饋到多數民眾手中，建立一個可持續、公平與有韌性的經濟體系。

> **自由，不是放任；干預，不是控制**
>
> 市場與政府不該是對立概念，而是一場動態平衡的博弈。真正聰明的治理，是在「讓市場發揮效率」與「讓制度保障公義」之間找到黃金比例。這也是現代社會對經濟政策的最高要求——不是一味自由放任，也不是全面管控，而是靈活、有感、可調整的治理策略。

■ 第五節　市場失靈的案例與教訓

自由市場運作的理論固然美好，但現實中，市場並非總能如「看不見的手」那樣神奇自我修正。當制度不健全、資訊不對稱、外部性被忽略，甚至市場遭到壟斷操控時，市場不僅失靈，還可能造成重大的經濟、社會甚至政治災難。

本節將透過近年幾個具代表性的市場失靈案例，分析其背後的經濟機制與失控邏輯，進一步說明自由市場為何需要制度的護欄，並從中萃取教訓，為未來建立更健康的市場環境打下基礎。

一、2008 年金融海嘯：市場自由過了頭的代價

2008 年爆發的全球金融危機，是經濟學教科書中最經典的市場失靈案例。從表面上看，這場危機由美國房市泡沫破裂引發，但其根源其實是長期的金融自由化與監管失能。

當時，美國金融機構大力推行次級房貸（subprime mortgage），將貸款打包成金融商品，透過衍生性工具不斷轉手，利潤高但風險隱藏極深。投資機構、保險公司、信評機構與政府部門形成「共犯結構」，沒有人真正知道風險在哪裡。

結果一旦房價反轉、違約潮湧現，市場信心迅速崩盤，資金斷裂、流動性枯竭，導致雷曼兄弟破產、AIG 瀕臨倒閉、全球股災。這起事件不只重創美國，也引發全球信貸緊縮與經濟衰退，影響深遠。

教訓：自由市場在缺乏有效監管與透明度的情況下，可能變成風險轉嫁與道德風險的溫床。市場不是永遠有效的，特別在金融領域，政府的風險管理與監理制度不可或缺。

二、臺灣蛋荒與菜價亂象：供給鏈的脆弱與市場遲鈍

2023 年初，臺灣爆發嚴重蛋荒，全國各地鬧蛋荒、排隊搶蛋、價格上漲，最終政府出手進口雞蛋補貼穩定供應。表面看起來像是短期供需失衡，背後其實反映的是結構性市場失靈。

根據農委會資料，臺灣蛋雞養殖業多為小農經營，生產過度集中、缺乏彈性，一遇禽流感、飼料成本上升或氣候異常，就迅速陷入斷鏈狀態。另一方面，蛋品運銷系統不透明，產地價與市場價落差極大，造成「農民不賺、消費者也吃貴」的雙輸局面。

教訓：在缺乏透明資訊與彈性供應的情況下，市場調整速度無法即時反應變化，導致供應鏈斷裂與價格飆漲。政府應強化農業供應鏈韌性、資訊平臺建置與價格監控機制。

三、藥品短缺與醫療市場的資訊不對稱

在許多國家，尤其是健保制度發展成熟的地區，藥品價格與供應常常成為市場失靈的熱點。

以臺灣為例，因健保藥價過低、醫療體系集中開標、利潤微薄，導致許多藥廠不願投入特定藥品生產，甚至逐漸退出市場。某些常用藥、專科用藥甚至出現「全球斷貨」，影響病患治療。

這是一個典型的資訊不對稱與市場激勵錯置問題：病患與醫師無法即時知道藥品成本與供應狀況，製藥廠也難以獲得合理利潤，因此供給持續萎縮。

教訓：當市場定價機制與實際供需失真，若無有效調節與配套補貼制度，即使健保制度再完善，也會在供給端失靈。制度設計須能兼顧價格合理與供應穩定，避免「看似省錢，卻買不到」的惡果。

四、勞動市場的剝削性分工與零工化問題

近十年來，隨著共享經濟與數位平臺的發展，Uber、Foodpanda、Airbnb 等服務改變了就業結構與收入模式。但這種看似創新的市場自由，也帶來了勞動保護不足的問題。

許多平臺勞動者並非正式員工，而是所謂的「自僱者」，他們不受勞基法保障，沒有年終、勞退、職災保險，甚至收入與平臺演算法緊密綁定，缺乏議價權。這種不對等的分工體系，讓市場效率建立在部分人的高度剝削之上。

教訓：自由市場的新型態不能無視基本勞動人權。政府應重新界定「就業關係」的法律內涵，讓制度與新經濟接軌，保障勞動市場的基本公平與穩定。

五、數位壟斷與平臺支配

當前許多市場看似自由，實則已被科技巨頭所壟斷。Google、Facebook、Amazon、Apple 等企業，掌握了平臺入口、用戶資料與演算法控制權，形成超級壟斷集團。

在這樣的結構下，新創企業難以進入市場，消費者看似有選擇權，實際上處於被控制的資訊環境中。例如：Facebook 調整演算法，新聞媒體流量便瞬間腰斬；Amazon 改變排序規則，數千商家立即受損。

教訓：數位時代的壟斷問題並非資本集中，而是「控制使用者行為」的演算法力量。政府與民間需加強數位公平法制建置，確保資訊市場的多元與透明。

當看不見的手失靈，就需要制度的手扶正

市場失靈並不可怕，可怕的是我們誤以為市場永遠正確，進而拒絕面對修正與改革的必要。自由市場若無制度的約束與監督，就像高速公路沒有標線與護欄，表面快速，實則危機四伏。

從金融海嘯、蛋荒、醫療短缺、勞動剝削到數位壟斷，這些案例都在提醒我們：現代經濟不只要效率，也要公平與韌性。市場失靈時，需要我們以制度智慧與公民意識，共同介入、修正，讓經濟成為真正為多數人服務的體系。

第二章　看不見的手：市場如何在你不知道的地方運作

第三章　錢的故事：
從黃金到比特幣

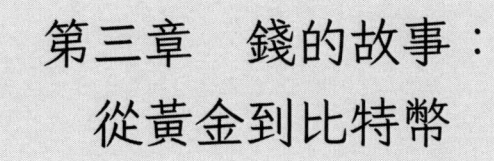

第三章　錢的故事：從黃金到比特幣

■ 第一節　貨幣的誕生與演進

錢，是我們生活中無所不在的存在。每天我們用它買早餐、繳房租、儲蓄、投資，也為了它上班、創業、規劃人生。但你有沒有想過：錢究竟是什麼？為什麼一張紙、甚至一組數位編碼，就能讓人願意交出勞力、商品與時間？錢並非天生具有價值，而是一個長久以來的社會共識與制度設計的產物。

本節，我們將從經濟學與歷史視角出發，回顧貨幣的誕生與演進，從以物易物的困境、金屬貨幣的崛起，到紙鈔制度、中央銀行與加密貨幣的出現，理解貨幣如何逐步從「物理載體」演變為「信任機制」，並成為現代經濟不可或缺的核心。

一、以物易物的限制：貨幣誕生的背景

在人類社會尚未出現貨幣之前，經濟活動是透過以物易物（barter）進行的。你有一籃雞蛋，我有一把魚竿，如果我們剛好彼此需要，就可以交換。但這樣的制度很快便暴露出三大問題：

◆ **雙重需求的問題**：我要你的物品，你也必須剛好想要我的，交易才能成立，否則無從交換。
◆ **不可分割性問題**：若我有一頭牛，而你只有幾顆珍珠，雙方如何衡量與拆分價值？
◆ **保存與品質差異問題**：生鮮食品容易腐敗，不同商品的品質標準也不一致，難以建立公平交易基礎。

正是這些限制，促使人類發展出一種「公認的交換媒介」——貨幣，作為解決交易不便的共同語言。

二、金屬貨幣與貨幣三大功能

早期的貨幣多為貝殼、鹽、牲畜、石頭等具一定稀缺性與可攜性的物品。但真正的貨幣革命，出現在金屬的廣泛使用，尤其是黃金與白銀。

金屬貨幣的優點包括：稀有、可分割、耐保存、具可驗真性，也因此逐漸成為各文明主流貨幣形式。從古巴比倫、希臘、羅馬，到唐宋的開元通寶，金屬貨幣讓跨地域交易與財富儲存變得可能。

經濟學上，貨幣需具備三大功能：

- **交易媒介**（Medium of Exchange）：避免雙重需求，讓買賣者可各取所需。
- **計價單位**（Unit of Account）：提供統一衡量標準，商品與服務有明確價格。
- **價值儲存**（Store of Value）：錢可保值，今天不花可留待明日使用。

金屬貨幣雖滿足這三大功能，但也存在流通不便、保管困難、鑄幣成本高等問題，因此邁向下一階段的「紙幣」制度成為歷史必然。

三、紙鈔的興起與信用貨幣的出現

最早出現紙幣的國家之一，是宋代中國的「交子」，由商人與地方政府發行，初為兌換券，後成為流通貨幣。歐洲則於 17 世紀由瑞典與英格蘭先後發行銀行鈔票，作為金屬存款的兌換憑證。

但真正的變革，是「信用貨幣」的出現。紙鈔不再需要直接兌換黃金或白銀，而是建立在國家信用、政府法令與社會共識上。「法償貨幣」（legal tender）制度規定：政府發行的貨幣，所有人都必須接受它作為支付工具。

此舉雖提升貨幣流動與發行彈性，但也意味著貨幣價值不再與實體資產掛鉤，而是依賴政策與信心。這種制度也帶來新的風險與爭議，例如：通貨膨脹、貨幣濫發與經濟不穩定等。

四、金本位制與其終結：信任如何轉換為制度？

為了穩定紙幣價值，19 世紀多數國家採行金本位制度（Gold Standard），即每一單位貨幣可兌換固定量的黃金。這讓貨幣擁有實質背書，防止政府濫發鈔票，也強化國際貿易中的貨幣信任。

然而，金本位也帶來許多限制，尤其在戰爭或經濟危機時，國家往往需要大量資金刺激經濟或應對赤字，但金本位制度下無法彈性操作。1930 年代大蕭條期間，美國總統羅斯福率先廢除黃金兌換制度，開啟紙幣脫鉤的新時代。

1971 年，美國總統尼克森正式終結布列頓森林體系，美元不再與黃金掛鉤，全球貨幣正式進入「不兌現的法償貨幣」（fiat money）時代。此後，貨幣價值完全依賴中央銀行的政策操作與市場對國家信用的信心。

五、從數位支付到加密貨幣：貨幣的下一個階段？

進入 21 世紀，貨幣再度經歷劇烈變革。電子支付普及、信用卡、虛擬帳戶、行動支付，讓貨幣從實體進入純數位化階段。你可以一整天不帶現金，只憑手機完成所有消費與轉帳。

更具革命性的，是比特幣（Bitcoin）與區塊鏈技術的出現。2009年由化名「中本聰」（Satoshi Nakamoto）提出的比特幣，主張貨幣不該由中央政府壟斷，而應該由去中心化的網路架構發行與認證。

比特幣等加密貨幣具備以下特色：

◆ **數量有限**（如比特幣總量 2,100 萬顆）
◆ **去中心化**（無中央發行機關）
◆ **可跨境交易與匿名性**
◆ **建立在區塊鏈技術上的防偽與追蹤能力**

雖然目前仍存在波動性高、法規不明、用途受限等問題，但其背後反映的是對當前貨幣制度不信任的一種反動，也可能預示下一階段的金融秩序。

貨幣的本質，是信任

從貝殼、黃金、紙鈔到比特幣，貨幣的歷史說穿了，是一部人類如何建立「交換信任」的過程。真正的貨幣，不是紙，不是金，而是一種「共同接受的價值符號」，而這個符號能否穩定運作，關鍵在於制度設計與人民的信任。

若信任崩潰，再漂亮的紙幣也不過是廢紙；若制度穩健，哪怕只是電子訊號，也可承載億萬交易。

第三章　錢的故事：從黃金到比特幣

■ 第二節　金本位與貨幣信任

在我們生活的現代社會，一張紙鈔或一組數位轉帳數字，竟能換得真實的商品與服務，這看似理所當然，其實背後隱藏的是一項關鍵但脆弱的前提：**信任**。貨幣的運作從來不是建築在黃金、白銀或政府法令的基礎上，而是集體相信「它具有價值」。

歷史上，為了穩定這種信任，人類曾設計出一套極具影響力的制度 —— 金本位（Gold Standard）。金本位是現代金融制度的前身，也曾是全球資本主義發展的穩定器，但它同時也深藏著局限與風險。

本節將從金本位制度的起源、優勢與瓦解過程談起，探討貨幣與信任之間微妙的依附關係，並延伸到當代的法償貨幣體制與未來的信任挑戰。

一、金本位的誕生：為何需要黃金作為錨？

在紙幣制度興起初期，一張鈔票的價值原則上來自於「可以兌換實體黃金」。換句話說，政府發行一張 10 元紙幣，背後必須有相對應數量的黃金儲備作為保證。這種設計有兩個關鍵目的：

- ◆ **防止政府濫發貨幣**：政府不能隨意印鈔票，否則需準備更多黃金儲備，這自然限制了無節制的貨幣擴張。
- ◆ **穩定人民信心與國際貿易**：黃金被視為全球共識的價值媒介，將貨幣與黃金掛鉤，有助於穩定匯率與貿易往來。

金本位在 19 世紀中葉至 20 世紀初成為全球多數國家的標準制度，特別是在英國推動下逐步形成國際性的金本位體系。這個體系帶來了長期低通膨、穩定匯率與財政紀律，被譽為「古典金本位時代的黃金年代」。

二、金本位的優勢：為何它能建立信任？

金本位制度的穩定性來自幾項核心特點：

- **貨幣發行量有限制**：中央銀行不能隨意印鈔，因為必須保有足夠黃金儲備，這對於抑制通膨具有天然效果。
- **國際匯率穩定**：各國貨幣以固定價格與黃金掛鉤，自然也形成穩定的匯率系統，降低貿易不確定性。
- **資本流動透明**：國際間可自由將黃金換取外幣，有利投資與儲備資本的安全感。
- **貨幣信心穩固**：人民相信鈔票背後有實質價值支持，更願意接受與使用該貨幣。

這些優勢讓金本位一度成為穩定財政與貨幣政策的代名詞，尤其在政治動盪與戰爭頻繁的時代，提供了一種「貨幣不被濫用」的穩定錨。

三、金本位的局限與崩潰：
　　黃金真的能撐起整個經濟嗎？

然而，隨著經濟複雜化與國際貿易規模擴大，金本位的硬限制也暴露出重大問題：

- **貨幣彈性不足**：面對戰爭、經濟危機與大規模投資需求，國家難以快速擴張貨幣供應，導致經濟緊縮。

- **黃金儲備分布不均**：部分資源富足國掌握大量黃金，貧窮國難以發行足夠貨幣，造成全球財富不對稱。
- **「黃金荒」導致金融崩潰**：1930 年代大蕭條期間，美國銀行因兌換黃金壓力而破產潮頻傳，資金枯竭反而加深經濟低迷。
- **貨幣政策喪失主權**：中央銀行無法根據本國經濟調節利率與貨幣量，經濟自主性受到限制。

上述問題在二戰後進一步放大。儘管美國於 1944 年建立「布列頓森林體系」，試圖用美元掛鉤黃金、其他貨幣掛鉤美元來維持金本位「變形版」，但由於越戰赤字、美國濫發美元與國際貿易失衡，最終在 1971 年由總統理查·尼克森宣告停止黃金兌換，正式結束金本位時代。

四、法償貨幣時代：信任，從黃金轉移到政府

金本位的終結代表貨幣價值不再以黃金為後盾，而是完全來自政府的信用與政策能力。這也就是「法償貨幣」（Fiat Money）的概念。

法償貨幣的核心特徵：

- **不具實體價值**：紙鈔本身不再可兌換實物，僅靠政府背書運作。
- **依賴中央銀行操作**：如利率調整、量化寬鬆、公開市場操作等手段維穩貨幣價值。
- **貨幣供應更具彈性**：政府可因應景氣狀況靈活調整貨幣流通量與政策工具。

雖然這種制度提升了政策調控能力，但也帶來通膨風險與濫發貨幣的道德風險。當政府失去財政紀律、中央銀行政策透明度不足時，信心可能瞬間崩潰。

我們從委內瑞拉、辛巴威、阿根廷等國家的惡性通膨就可看見這一點——當貨幣與實質資產脫鉤，若社會不再相信政府能控制物價與匯率，鈔票再多也毫無價值。

五、回到信任的本質：
   黃金、政府，還是數位演算法？

面對法償貨幣的脆弱與央行信用的限制，市場再次開始尋找「穩定信任」的新錨。這也是為什麼加密貨幣與穩定幣（如 USDT、DAI）等新型貨幣設計浮上檯面的原因。

這些數位貨幣試圖透過去中心化演算法、區塊鏈技術或與美元掛鉤，建立一種超越政府信用的價值系統。然而，目前仍面臨法規不確定性、波動過大與應用範圍不足等挑戰。

我們正處於貨幣信任轉型的關鍵時代。未來的貨幣可能不再由金屬背書，也不再完全依賴政府機構，而是融合技術、公信力與制度創新的複合架構。

貨幣信任，是現代經濟的靈魂

金本位是一種信任制度，它讓人們相信紙幣背後有黃金；法償貨幣是一種信任接力，它讓我們相信政府與中央銀行能維持價值穩定。而未來的貨幣，將是對新技術、制度與公民社會共識的再信任。

貨幣從來不是單純的經濟工具，它是現代文明中最重要的社會契約之一。當你收到一張鈔票，不只是交換一份商品的價值，更是對一整套制度與社會秩序的信任投票。

■ 第三節　通膨與通縮的生活衝擊

　　你是否有過這樣的經驗：過去花 50 元就能吃飽，現在卻得花 100 元還吃不滿意？又或者某些年分感覺薪水不漲、但物價卻悄悄爬升？更極端的是，有時新聞報導某國家幣值崩潰，一夜之間人民手中積蓄歸零，生活陷入混亂。這些現象背後，指向的就是兩個關鍵詞：**通貨膨脹（Inflation）與通貨緊縮（Deflation）**。

　　這兩者分別代表物價上升與下降，但它們不只是「價格變動」那麼簡單，而是整體經濟體質、政策選擇與生活結構的反映。對個人而言，它們直接關係到你的薪資購買力、儲蓄安全、投資績效與財富分配。

　　本節將深入解析通膨與通縮的成因與影響，並透過實例說明這些變化如何實際影響每一個人的經濟生活，讓你能更具前瞻性地做出應對。

一、什麼是通膨與通縮？從數字理解本質

- 通貨膨脹（Inflation）是指整體物價水準持續上升，導致貨幣購買力下降。
- 通貨緊縮（Deflation）則是整體物價水準下降，使貨幣購買力上升。

　　我們常見的通膨指標是「消費者物價指數」（CPI, Consumer Price Index），它追蹤一籃子商品與服務的價格變化，例如食物、住房、交通、教育等。當 CPI 年增率為 2%，代表物價平均比去年上漲了 2%。

第三節　通膨與通縮的生活衝擊

理論上，溫和的通膨代表經濟活動正常、有利生產者調漲價格與投資者預期獲利。問題在於，通膨若超過可控範圍，或發生突如其來的通縮，則會對經濟與個人生活造成劇烈衝擊。

二、通膨的成因與型態：不是所有通膨都一樣

需求拉動型通膨（Demand-pull Inflation）

當經濟熱絡、需求強勁，商品與服務供不應求，價格自然上升。例如疫情解封後報復性消費、政府發放現金紅利，皆可能推升短期通膨。

成本推動型通膨（Cost-push Inflation）

原物料、工資或能源價格上漲，導致企業生產成本增加，轉嫁給消費者。2022年俄烏戰爭引發的石油與天然氣價格飆漲，就是典型案例。

貨幣供應型通膨（Monetary Inflation）

當中央銀行印鈔過多，市場上錢太多、商品不變，導致物價全面上漲。例如1970年代的美國與21世紀初期的委內瑞拉，便是此類情況。

結構性通膨（Structural Inflation）

如都市化、環保政策、生產規範升級等長期變化，也會讓基本生活成本逐漸墊高，形成「慢性通膨」。

三、通膨對個人的五大衝擊

實質薪資縮水

當物價上漲速度超過薪資調漲幅度，你賺的錢其實變少了。例如年薪增加2%，但通膨為4%，實質購買力等於下降2%。

儲蓄價值貶損

銀行定存利率若低於通膨率，你的錢每年都在「默默變薄」。這也是為什麼「存錢不等於保值」，而要學會「讓錢抗通膨」。

貧富差距擴大

有資產的人（如持有不動產、股票）可因資產價格上漲而受益；無資產者僅靠薪水，則生活壓力加劇，造成「資本擠壓勞動」的結構性不平等。

消費與投資錯配

通膨時，消費者傾向提前購買（以免價格更貴），導致短期需求擴張；投資者為對抗通膨，可能轉向高風險資產，增加金融市場波動性。

貨幣信心動搖

當人們不再相信貨幣可保值，會開始尋求替代方案（如美元、加密貨幣或實體資產），可能引發資本外逃與本幣貶值惡性循環。

四、通縮的陷阱：便宜不是好事

乍看之下，物價下跌似乎對消費者有利，但事實並非如此。**通縮往往是經濟衰退的信號**，其危險之處包括：

- **消費延後心理蔓延**：人們預期明天會更便宜，選擇延後消費，導致企業營收下滑，進而裁員、減薪，造成更嚴重的需求萎縮。
- **債務實質負擔增加**：當物價下跌、收入下降，固定金額的貸款如房貸、學貸壓力反而變重，使家庭財務更緊張。
- **企業投資意願降低**：價格下跌意味獲利壓縮，企業更保守，造成經濟動能持續下滑。

- **失業與薪資緊縮惡性循環**：需求不振導致企業縮編，進一步壓低總體薪資與就業水準，陷入「通縮螺旋」。

日本 1990 年代泡沫破裂後的「失落三十年」，正是長期通縮壓力造成國民信心下滑、經濟停滯的典型案例。

五、如何因應通膨與通縮的風險？

面對通膨：

- **儲蓄要抗通膨**：將定存資產部分轉為股息股、ETF、不動產、通膨連結債券等保值工具。
- **提高議價能力**：若職場難加薪，應思考如何培養稀缺技能，提升收入與轉職彈性。
- **降低固定支出**：減少房貸車貸比重，避免高負債狀態下被物價吃掉可支配現金流。
- **理解資本邏輯**：通膨時資本勝出，學習資產分配與投資判斷，不再只當薪水階級。

面對通縮：

- **避免過度保守投資**：定存可能看似安全，實際卻因經濟萎縮造成實質貶值。
- **保有現金流**：在市場不確定性高時，保留足夠現金以因應突發需求。
- **提升靈活收入能力**：擁有可變現技能或斜槓收入來源，將能在經濟低潮中自保。

第三章　錢的故事：從黃金到比特幣

> **價格，是貨幣對話的聲音**
>
> 　　通膨與通縮不只是經濟現象，更是你我生活的放大鏡。它們是貨幣制度的壓力測試，是信心與價值觀的集體反映。掌握價格變化背後的邏輯，不只是為了精準消費，更是為了建立不被環境操控的財富主體意識。
>
> 　　當你能看懂價格，其實就是在學會與整個經濟系統對話。

第四節　現代貨幣理論（MMT）與爭議

當你聽到「政府債務破表」或「財政赤字創新高」，你會直覺地認為國家快破產了嗎？當你看到政府發放現金、擴大公共支出，是否會擔心通膨失控、經濟崩潰？這些直覺背後，其實源於一套長久以來的「財政保守主義」觀念。

但在近十年，一種名為「現代貨幣理論」（Modern Monetary Theory，簡稱 MMT）的經濟學思潮，正在顛覆這套傳統邏輯。它主張：對擁有主權貨幣的國家來說，**政府不會「沒錢」**，因為政府可以自行印鈔。因此，政府的問題從來不是「錢從哪來」，而是「該花在哪裡」。

本節將深入解析 MMT 的核心概念、政策主張、支持與批評，並分析這套理論對現代財政與社會政策的衝擊。它是打造財富平等的新工具？還是通膨危機的溫床？

一、什麼是現代貨幣理論？重新定義「財政赤字」

MMT 的核心論點如下：

擁有主權貨幣的政府永遠不會破產

如果一個國家控制自己發行的貨幣（如美國的美元、日本的日圓），它就永遠不會「沒錢」，因為它可以隨時發行更多貨幣以支付本國債務。

政府財政赤字是私人部門的盈餘

政府花的每一元，最終都流入民間。當政府支出大於稅收時，這筆赤字其實轉化為民間的存款與收入。

稅收的目的不是為了支出，而是為了控制通膨與資源分配

政府不需要靠稅收來「籌錢」，它只需要稅收來回收貨幣、控制需求壓力與抑制資源過度集中。

政府支出不該受限於財政平衡，而應以就業與實體資源為指標

當經濟有閒置資源（如失業人口），政府應該積極投入財政支出創造需求，直到經濟滿載為止。

這些觀點與傳統財政觀完全相反。傳統觀點認為赤字是負擔、政府必須平衡預算；而 MMT 則視赤字為經濟刺激與分配調整的工具。

二、MMT 的政策主張：
全民就業、基本收入與公共投資

根據 MMT 學者如史蒂芬妮・凱爾頓 [Stephanie Kelton，《赤字迷思》(*The Deficit Myth*) 的作者] 與其支持者的建議，一個依循現代貨幣理論的政府應：

推動「就業保證計畫」(Job Guarantee Program)

政府作為就業的最後買主，為所有願意工作者提供最低薪資的公共工作，確保全民就業並穩定工資底線。

強化社會投資

包括基礎建設、醫療、教育、綠能轉型等項目，不以短期財政負擔為考量，而以資源可得與長期回報為依歸。

實施擴張性貨幣與財政政策

在經濟低迷或疫情等重大衝擊下，大量發行貨幣並注入資金以穩定需求，類似 2020 年美國 COVID-19 紓困金政策。

第四節　現代貨幣理論（MMT）與爭議

透過稅收作為通膨調節工具

若市場過熱，則適度增稅以回收過多貨幣；若市場疲弱，則減稅促進消費與投資。

簡言之，MMT 主張政府財政應更積極主動，不受赤字迷思綁架，轉而以人民的實質福祉與社會資源分配為核心。

三、支持 MMT 的觀點：貨幣主權與反思赤字迷思

支持者認為，MMT 提供了當前經濟困局下的實用解方：

應對不平等與失業的制度武器

在全球化與自動化壓力下，傳統市場無法自然創造足夠就業與財富分配。MMT 提供了一種「用公共力量填補市場失靈」的可能性。

提升貨幣政策彈性

過去貨幣政策僅透過利率調節，效率逐漸遞減；MMT 結合財政工具，可更直接刺激實體經濟。

防止恐慌性緊縮政策

歐債危機中，歐洲多國在赤字壓力下實施緊縮政策，導致經濟惡化與社會動盪。MMT 提醒我們：「赤字不等於錯誤，緊縮才可能殺死經濟。」

挑戰市場至上的經濟信仰

MMT 回歸「人民至上」的政策設計，試圖把經濟從金融資本的掌控中解放出來，重建公共性。

四、批評 MMT 的聲音：風險、通膨與政策濫用

儘管 MMT 在學界與政策圈掀起激烈討論，但也引來大量質疑：

過度印鈔將引發通膨或惡性通膨

如委內瑞拉與辛巴威就是政府過度印鈔的反面教材。批評者認為，當市場信心流失，貨幣便失去價值控制力。

政治干預恐致貨幣與財政失控

若政策制定者將 MMT 視為「錢花不完的萬靈丹」，可能導致無節制開支、選舉性買票與資源濫用。

稅收調節不具即時性與準確性

在現實政治與執行面，調整稅率常常滯後且易引爭議，不可能像理論上那麼精準控制通膨。

對開發中國家不適用

批評者指出，MMT 只適用於擁有主權貨幣且具國際信任基礎的國家（如美、日、英），而新興國家若大幅印鈔，恐遭市場懲罰、資本外逃。

五、臺灣與 MMT：我們準備好了嗎？

臺灣具備一定程度的貨幣主權與財政健全體質，但是否適用 MMT 仍須審慎評估：

- ◆ **優勢**：新臺幣由中央銀行主控、政府債務占 GDP 比重低、資本市場穩定，理論上有擴張空間。

- **風險**：小型開放經濟體、高度仰賴出口與匯率穩定，若採大規模財政擴張，恐面臨匯率與資本流動風險。
- **機會**：在公共投資不足、青貧世代興起、薪資停滯的現況下，MMT概念可作為重建「積極型財政政策」的理論依據。
- **挑戰**：政治文化、財政透明度與民眾對赤字的恐懼，可能成為改革的社會阻力。

臺灣是否適用 MMT，不該一概而論，而應該從本地經濟結構與社會需求出發，尋找最適合的財政工具組合。

貨幣，不只是工具，而是選擇的權力

現代貨幣理論拋出一個關鍵問題：當我們不再問「有沒有錢」，而是問「該不該做」，財政決策的主體性與價值觀將會徹底改變。MMT 挑戰我們過去對政府支出與債務的恐懼，也提醒我們，真正的危機不是赤字，而是讓可用的資源閒置、讓需要幫助的人無助。

第三章　錢的故事：從黃金到比特幣

■ 第五節　貨幣與國家的權力結構

　　貨幣不只是經濟工具，更是一種國家力量的展現。當政府可以印鈔、設定利率、調整稅制，它不僅在管理經濟，更在形塑社會結構與權力分布。從歷史上的帝國貨幣、殖民地金融體制，到現代中央銀行的獨立性與貨幣霸權，每一次貨幣政策背後，都是政治博弈與國家意志的延伸。

　　在本節，我們將從歷史與制度兩個層面，探討貨幣如何作為國家主權的象徵、統治工具與國際話語權來源，並深入分析當今世界的貨幣霸權現象，揭示「誰掌控貨幣，誰就掌控未來」。

一、貨幣的發行權：國家主權的核心象徵

　　在現代國家體系中，貨幣發行權被視為國家主權的最直接表現之一。無論是美元、日圓、歐元還是新臺幣，這些貨幣的價值與存在本身，都依賴國家力量的支撐。

法償地位（Legal Tender）

　　法律規定國內交易必須接受本國貨幣作為支付手段，這是一種國家強制性的制度安排。即使該貨幣本身無內在價值，只要國家強制執行，它就能成為交易媒介。

中央銀行制度

　　現代國家普遍設立中央銀行（如臺灣的中央銀行、美國的聯準會），負責貨幣發行、利率調控與金融穩定。中央銀行的獨立性與政策工具，其實是一種國家治理能力的展現。

幣制設計與國族認同

　　許多國家在紙幣上印製領袖肖像、歷史建築與文化象徵，藉由貨幣形象傳遞國族意識。貨幣在這層意義上，不只是支付媒介，更是一種「日常的國家儀式」。

二、貨幣控制的政治效應：通膨、鎮壓與再分配

　　貨幣政策不僅影響經濟景氣，也深刻影響政治秩序與社會穩定：

利用通膨作為財政解套工具

　　歷史上，當政府面臨龐大戰爭開支或債務壓力時，常透過印鈔通膨來「稀釋」債務，間接向人民徵稅。例如一戰與二戰期間的歐洲各國，以及現代的阿根廷與土耳其。

財富重分配與階級影響

　　貨幣政策會改變資產價格與利率，影響不同階級的財富結構。舉例來說，低利率可能讓資本階級享受資產膨脹利益，但薪資階級卻面臨存款貶值與房價上漲的雙重壓力。

貨幣作為社會控制工具

　　某些政權曾透過限制資金流動（如中國的資本管制、蘇聯的配給貨幣），將貨幣制度當作政治監控的一環，限制人民財務自由與社會流動能力。

三、國際貨幣霸權：美元的權力邏輯

　　自 1971 年美元脫離金本位以來，美元已成為全球主要儲備與交易貨幣，其貨幣地位帶來了超乎尋常的國際權力：

美國可用美元無限發債

全球對美元的需求，使美國得以長期舉債而不引發市場恐慌。美國政府可透過發行國債、印鈔與量化寬鬆，將經濟成本外溢至全球。

美元結算體系與制裁能力

國際銀行間結算系統（如 SWIFT）以美元為主，使美國能透過金融制裁限制他國交易自由。例如伊朗與俄羅斯曾遭美國封鎖美元交易體系，形成「貨幣外交」的新形式。

資本流動主導全球資產

以美元計價的石油、黃金、國際貿易品，讓美國擁有重塑全球資本流動的主動權。其他國家必須持有美元儲備，才能穩定匯率與參與全球市場。

這種結構被稱為「貨幣帝國主義」。它讓一國的貨幣政策，凌駕於他國經濟主權之上，形成高度不對等的全球金融秩序。

四、去美元化與新興貨幣競爭：去中心化的反擊

近年來，越來越多國家與區域開始尋求「去美元化」，試圖降低對美國金融體系的依賴。這些行動包含：

跨國貨幣協議與本幣結算

中國與俄羅斯、伊朗等國已建立以人民幣或盧布進行雙邊貿易的結算系統；歐盟也曾推動歐元結算替代機制。

數位貨幣與央行數位貨幣（CBDC）崛起

包括中國的數位人民幣、歐盟的數位歐元，以及臺灣央行也正研議發展 CBDC。這些數位貨幣將重新定義國家貨幣控制與國際支付架構。

加密貨幣的去中心化挑戰

比特幣、以太幣等加密貨幣的興起，雖尚未取代法償貨幣，但其「無國界、去信任、抗審查」特性，已對傳統貨幣主權構成挑戰。

這些趨勢顯示，全球貨幣權力正從單一霸主體系，逐漸轉向多極競爭與去中心化實驗，未來將可能出現嶄新的權力平衡。

五、個人如何面對貨幣與權力的連動？

了解貨幣的權力性，對一般人而言不只是宏觀政治議題，也具備實質意義：

提高金融素養是現代公民責任

能理解利率變化、通膨政策與央行意圖，才有能力捍衛自身經濟安全與理財主權。

資產分配要考量貨幣風險

單一貨幣資產的風險愈來愈高，多元幣別、實體資產與數位金融工具是避險關鍵。

關注制度與政策的方向

貨幣政策直接影響房貸利率、稅收分配、薪資成長，唯有成為政策參與者，才能爭取制度下的公平。

第三章　錢的故事：從黃金到比特幣

在貨幣社會中建立自己的話語權

　　媒體素養、投票選擇與公共意識，都是個人抵禦貨幣霸權影響的第一道防線。

> **貨幣是最柔軟的暴力，也可能是最強大的自由工具**
>
> 　　法國思想家傅柯曾說，「權力並不總是表現在壓制中，而是滲透在每個細節中」。貨幣就是這種「權力的細節」。你以為自己只是花錢、存錢、領薪水，但實際上，你也正在參與一場關於統治、分配與信任的權力遊戲。

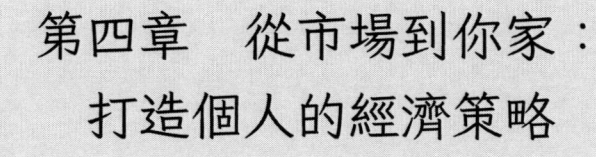

第四章　從市場到你家：
打造個人的經濟策略

第四章　從市場到你家：打造個人的經濟策略

▋ 第一節　個人經濟行動的起點

經濟學討論的對象從來不只是國家與企業，最終都會回到每一個人：你怎麼賺錢？你怎麼花錢？你怎麼存錢與投資？你怎麼應對生活的風險與不確定性？若貨幣是制度的載體，那麼「個人行動」就是制度能否落實到民間的試金石。

本節將從「經濟人」的基本假設出發，探討在真實生活中，個人經濟行動是如何形成的。你將了解自己的選擇其實往往不是理性最大化，而是受限於環境、習慣、資訊落差與心理偏誤。我們也將進一步說明，現代庶民該如何建立一套屬於自己的經濟行動框架，不只是反應市場，更能主動規劃自己的財務未來。

一、你不是「理性經濟人」，
　　但你可以成為有策略的行動者

經濟學中的「理性經濟人」（Homo Economicus）假設每個人在面對選擇時，會根據完整資訊、穩定偏好與最大利益原則來行動。但現實生活中，我們的決策遠比這個模型複雜：

◆　我們會因為朋友的建議買保險，卻沒做比較；
◆　會為了省 100 元搭遠車，卻忽略時間成本；
◆　常在感情與焦慮中衝動下單，事後後悔；
◆　明知應該儲蓄，卻忍不住即時消費。

這些行為其實不是「愚蠢」，而是受到認知偏誤（如現況偏好、損失厭惡、錨定效應）、社會環境與制度設計影響。這也就是行為經濟學對傳統經濟模型的最大挑戰：**人類不理性，但有其邏輯與模式。**

認清這一點後，我們就能重新設計自己的行為機制，將「不完美的自己」調整為「可預測、有系統」的行動者。

二、三個問題，勾勒你的經濟行動輪廓

在你開始任何財務規劃或投資策略之前，必須先誠實回答以下三個問題：

1. 我的資源結構是什麼？

- 我每月可支配收入多少？
- 我的固定支出占收入幾成？
- 我有哪些可以變現的資產與時間？
- 我是否能承擔風險？風險容忍度有多高？

這些問題不是會計練習，而是讓你掌握自己的「經濟體質」，它決定了你的選擇空間與決策彈性。

2. 我的目標與偏好是什麼？

- 我更重視安全感，還是資產增值？
- 我希望早點財務自由，還是慢慢存退休金？
- 我在意社會地位、生活品質、還是自由時間？

沒有標準答案，但目標不清，就難以建立有效策略。經濟行動本質上是價值選擇，不只是數學運算。

第四章　從市場到你家：打造個人的經濟策略

3. 我能夠做決定嗎？

◆ 我是否能主動做出改變，而不只是被推著走？
◆ 我是否有能力擬定計畫並持續執行？
◆ 我是否能持續學習與調整？

許多人知道該怎麼做，卻始終無法行動，問題不在於知識不足，而在於缺乏「啟動點」。找到那個啟動點，便是經濟行動的真正起點。

三、現代庶民的經濟環境：高變動、低保障、快選擇

在過去，人生與經濟是可以被預測的。你讀書、進公司、領退休金，照著制度走，多半能安穩生活。但現在的庶民處於三大壓力結構中：

高變動：工作、產業、社會快速轉型

不再有「一輩子穩定的工作」，技能與職涯需不斷升級與調整。

低保障：制度支撐逐漸薄弱

傳統的退休金、社會保險、醫療資源正在重分配，庶民越來越需自負責任。

快選擇：資訊過載與即時決策壓力

從手機理財、線上購物到瞬間信貸，每個按鈕背後都是「選擇成本」。

這些因素讓經濟行動變得更加複雜。庶民若沒有一套屬於自己的行動策略，很容易被制度與市場牽著走。

四、打造你的個人經濟行動架構：四層設計

要從被動者變成有意識的參與者，你需要建立一個可持續執行的「行動架構」。以下是四個層次：

現金流管理（Cash Flow）

控制進出帳平衡，建立基本防線。包含預算表、帳戶分類、固定支出精簡、緊急預備金等。

目標設定與資產分配（Goal-based Planning）

將目標分為短期（1年內）、中期（1～5年）、長期（5年以上），為不同目標選擇適當理財工具。

風險認知與防禦機制（Risk Management）

包含保險、分散投資、財務彈性空間。目的不是消除風險，而是降低不可承受的衝擊。

能力成長與收入升級（Capability Expansion）

持續投資於自己的專業、學習與創造力。你不是靠理財致富，而是靠價值輸出與機會選擇致富。

這四層如金字塔結構，由下而上建構，缺一不可。

五、行動的槓桿不是「錢」，而是「決心＋系統」

許多人誤以為，只有有錢人才需要做理財規劃。事實上，最需要計畫的，是那些**資源有限的人**，因為他們沒有太多錯誤空間。

與其等待「等我有錢再說」，不如從小事開始建立系統，哪怕是每天

第四章　從市場到你家：打造個人的經濟策略

記帳、每週一筆定存、每月審視一次支出，都能培養起經濟自覺與行動習慣。

真正能讓你財務自由的，不是靠中樂透，而是靠一個可以複製、可堆疊、可持續的經濟行動架構。

> **當你行動，才真正參與經濟**
>
> 　　經濟不是天上的數字與政府報告，而是你每一筆花費、每一個選擇、每一個不敢做的決定。從今天開始，不必完美，也不必全部懂。你只要做一件事 —— 開始有意識地做出你的經濟選擇。

第二節　為什麼錢總是不夠用？現金流的陷阱與解方

你是否有這樣的經驗？剛領薪水還沒幾天，帳戶就開始見底；明明收入不低，但每個月依然「月光」；試圖儲蓄或投資，卻總是被突如其來的開銷打斷。你不是唯一。這不只是個人意志不堅的問題，而是現代社會普遍存在的「現金流陷阱」。

所謂現金流（cash flow），是指你每月進出帳的淨流量，是個人財務的「血液循環」。無論你是否理財高手，只要現金流不穩定，任何計畫都無法長期執行。本節將從現金流的結構開始，解析庶民常見的陷阱與誤區，並提出一套可行的解方，幫助你打造一個穩定、有彈性且能支持目標的現金流系統。

一、不是「收入少」，而是「結構錯」

當我們說「錢不夠用」時，第一直覺往往是「我賺太少了」，但事實上，大多數人遇到的問題不是收入絕對值太低，而是現金流的結構失衡。

例如：

- 月薪六萬，但房租兩萬、貸款一萬五、交際費一萬、生活費與雜支兩萬，等於入不敷出；
- 收入有波動（如接案者、業務員），但支出卻固定，導致高峰時存不了錢，低潮時直接破產；
- 有能力儲蓄，卻缺乏預算概念與消費紀律，導致現金流失控。

第四章　從市場到你家：打造個人的經濟策略

這些現象共同指向一件事：**現金流管理是一門技術，不是單靠勤奮或節儉就能解決的**。

二、庶民常見的五大現金流陷阱

1. 過度固定支出比重

當房租、貸款、訂閱制費用（如 Netflix、健身房）、保險與交通成本占據月收入超過 50%，就算收入不錯，也會感到「窒息式生活」。固定支出缺乏彈性，會讓你在任何變故發生時（如生病、失業）無法喘息。

2. 低估不規律支出

過年紅包、生日禮金、年度稅費、旅行開銷、車輛保養……這些支出不常出現，但往往數額大。一旦未預先安排，就容易打破整展現金流平衡。

3. 過度依賴信用與預支

信用卡分期、預借現金、先買後付（Buy Now, Pay Later）讓你看似有餘裕，實際上是把未來現金流提前「消耗」。當未來收入不如預期，就會陷入債務陷阱。

4. 缺乏緊急預備金

根據研究，臺灣有超過六成上班族無法應對突發支出三萬元以上的情況。當沒有現金緩衝，一旦出現變故，就只能借錢或動用高利率貸款。

5. 收入結構單一且缺乏彈性

只有一份固定薪資的庶民，無法應對物價上漲、公司裁員或產業變遷。收入來源單一，使得現金流波動風險被放大。

三、打造穩定現金流的五大原則

1. 分帳戶管理法則

設立以下四個帳戶,讓錢「分流」而非混用:

◆ 固定支出帳戶(房租、水電、保費)
◆ 消費帳戶(食衣住行娛樂)
◆ 儲蓄／投資帳戶(定期定額、退休金)
◆ 緊急預備金帳戶(應對突發狀況)

這種方法讓你在「花錢前就已經做好安排」,降低情緒性消費與財務混亂。

2. 三個月緊急預備金原則

無論收入多少,都應儲備至少 3 個月生活開銷的現金(理想為 6 個月)。這筆錢專款專用,只在失業、生病、家庭事故等情況動用。

3. 將儲蓄變成「固定支出」

大多數人把儲蓄當成「有剩再存」,但事實上應反過來操作:**每月一領薪水就先存一筆,再花剩下的**。這稱為「先存後花法」,是所有成功理財者的共同習慣。

4. 多一條收入線是最好保險

斜槓收入、接案、興趣變現或平臺經營等方式,都能讓你不再完全依賴單一現金流。你不需要一下多賺幾萬塊,但一個每月穩定 5,000 元的副業,已足以改變現金流風險結構。

第四章　從市場到你家：打造個人的經濟策略

5. 設立消費下限與上限

　　為每個月的消費設下「基本開銷下限」與「舒適開銷上限」，避免「沒意識地花」與「補償式花費」。這能讓你更理性面對促銷、廣告與社交壓力。

四、現金流管理的心理學：從焦慮到掌控感

　　很多人討厭理財，是因為感覺財務像黑洞，帳單總是壓力來源。但事實上，理財最強大的力量不在於錢變多，而在於**你開始掌握自己的生活節奏**。

　　研究指出，掌控感（sense of control）是影響財務幸福感的最大變數之一。即便收入不高，只要你知道錢花在哪裡、未來有什麼準備，你就會比「賺得多卻亂花」的人更有安全感與行動力。

　　記帳、分類、預算不是為了束縛生活，而是為了解放你的選擇能力。真正的財務自由，不是帳戶裡的數字，而是你知道什麼時候該花、該省、該衝、該等。

五、從「月光」到「月盈」：真實轉變的四個步驟

- ◆　**記帳 30 天**：不批判自己，只觀察收支結構與花錢習慣。
- ◆　**設定可行預算**：從「控制一項變數」開始，例如飲食費、訂閱制，建立小勝利。
- ◆　**每月一次財務回顧日**：簡單寫下「這個月我的錢花得合理嗎？」、「有什麼地方可以優化？」這將建立反思與修正的習慣。
- ◆　**建立自動化儲蓄／投資機制**：讓財務計畫從「靠意志」變成「靠機制」。

只要你完成這四步,即使收入不變,你也將發現 —— **錢不再神祕地消失,而是開始有了方向與累積感。**

> **現金流,就是庶民的經濟主權**
>
> 對庶民來說,能否控制現金流,就像國家能否控制預算與貨幣一樣關鍵。沒有穩定的現金流,你無法抵禦風險,也無法投資未來;有了穩定的現金流,你就能開始為自己創造選擇與自由。

第三節　如何讓錢開始為你工作？儲蓄與投資的策略思維

當你開始穩定掌握現金流、累積了預備資金後，下一步自然是問自己：「那我該怎麼讓這些錢產生更多價值？」這正是從「守錢」邁向「用錢」的關鍵轉捩點。

儲蓄與投資是打造個人經濟韌性的兩大支柱，但它們並非一體兩面，也不是人人都能隨意套用的方程式。儲蓄重在**保障與保值**，投資則強調**成長與創造被動收入**。很多人混淆兩者，或是只懂其一，導致資產分配失衡，錯失累積財富的機會。

本節將帶你釐清儲蓄與投資的本質差異，建立資產分配的邏輯架構，並從庶民角度出發，設計一套實用的金錢增值策略，讓你的每一筆錢，都不再只是「待命資金」，而是「參戰士兵」。

一、儲蓄與投資的五大差異：搞懂再開始，不踩雷

比項	儲蓄	投資
目的	穩定、保值、備用	成長、增值、創造被動收入
風險程度	極低（如定存）	中至高（如股票、基金、房地產）
流動性	高（隨時提領）	視商品而定，部分低流動
期間	短期為主	中長期為主
報酬率	低（1～2%）	高但波動（5～15%，視產品）

很多人錯把保險或儲蓄型基金當作「投資」，也有人誤以為股票或 ETF 能「快速致富」。事實上，你要先釐清：**你這筆錢，是用來備用？還是打算放 10 年不動？** 這個答案決定你應該選擇什麼工具與策略。

二、儲蓄的策略設計：
不是把錢藏起來，而是有計畫地等待

1. 儲蓄的三個基本目的：

- **預備金**：應對突發支出與緊急狀況
- **目標儲蓄**：為某特定計畫做準備（如出國、結婚、創業）
- **財務緩衝**：降低生活壓力與風險應變力

2. 儲蓄不是「越多越好」

若把所有錢都存在低利帳戶，實質價值會因通膨逐年貶值。**儲蓄應設上限，超過的部分應轉為投資資產。**

建議比例為：

- **預備金**：3～6 個月基本開銷
- **目標儲蓄**：以事件時間倒推設目標金額與月儲額
- **餘額轉投資**：每月固定轉入投資帳戶，讓資產自動成長

三、投資的庶民思維：
　　別想一夕致富，重點是長期複利

1. 投資最重要的不是「選對商品」，而是「選對方式」

多數庶民不是專業投資人，與其炒短線，不如建立長期、規律、低風險的投資機制。巴菲特說過：「複利是世界第八大奇蹟。」真正讓你資產成長的，是時間與紀律。

2. 投資的三大步驟

- **設定目標報酬率與期間**：你希望資產每年成長幾％？可接受波動到什麼程度？這會決定你的投資組合。
- **選擇合適工具**：ETF、基金、債券、不動產、定期定額、海外分散等工具需依目標選擇。
- **定期檢視調整**：每半年或一年檢視一次資產組合與市場變化，做適度調整，而非頻繁進出。

3. 小資族適用的投資組合建議

資產類型	建議比例（初階者）
定存／儲蓄	30～40%
ETF／基金（臺灣＋國際）	40～50%
保險（純保障型）	10～20%
其他（個股、數位資產、創業預備）	0～10%

四、被動收入的種子：讓錢自動產生錢

投資不只是資產成長，更是一種打造「被動收入」的方式。所謂被動收入，是指不需用時間換取的持續性現金流。

常見類型包括：

◆ **股利與債息**：透過穩定領息型資產如高股息 ETF 或債券型基金
◆ **房產租金**：資本較高，但可透過合夥或 REITs 間接參與
◆ **版稅或數位資產**：如創作收入、平臺訂閱分潤
◆ **線上課程、訂閱服務**：一次製作、持續收益

每一筆被動收入的誕生，都是過去某段「主動行動」的果實。真正的財務自由，不是不用工作，而是**有選擇是否工作的自由。**

五、三種錯誤心態，讓你永遠無法讓錢為你工作

「等有錢再說」

許多庶民以為投資是有錢人的遊戲，但其實**小額、早開始、定期做**才是最大優勢。每月 3,000 元，十年後是 36 萬本金、若平均年報酬 6%，總資產可破 50 萬。

「追求一夜暴富」

炒幣、當沖、槓桿交易等，短期可能致富，但風險極高且不具可持續性。你需要的是可複製的行動機制，而不是一次性的幸運。

「太怕失敗而不開始」

完美主義是理財最大敵人。你不需要一次到位，也不可能一次就對。**先用小金額試水溫、建立紀律比什麼都重要。**

第四章　從市場到你家：打造個人的經濟策略

> **當你學會用錢，才真正擁有錢**
>
> 　　錢不是目標，而是工具。當你只會賺錢、存錢，你是替錢工作；當你會用錢、投資、分配，你讓錢替你工作。這中間的差距，就是財務思維與資產規模的分水嶺。
>
> 　　從今天開始，不要再問「我能存多少錢？」，而是要問「我能怎麼讓錢幫我創造選擇與自由？」這才是庶民經濟真正的行動升級。

第四節　風險管理：
面對生活不確定的財務防線

你可以預測本週的天氣，但能預測未來三十年的健康狀況嗎？你知道自己下個月會不會被裁員嗎？甚至，你知道自己明年還住不住得起現在的房子嗎？在現代社會中，風險已經不再只是少數人關心的議題，而是**每一個人都無可避免的現實主題**。

風險管理，是個人經濟策略中最容易被忽略的一塊。許多人花時間精算利率、研究報酬率，卻完全沒有設防突發事件的能力。只要一次重大事故，就可能把多年累積的儲蓄或投資成果一夕清空。

本節將幫你釐清什麼是風險、有哪些常見風險來源，以及庶民可以用哪些方法打造一套實用的「財務避震系統」，讓你在變動不安的世界裡，依然站得穩、活得有選擇。

一、什麼是風險？從不確定中看見脆弱點

風險（risk）是指未來可能發生的事件，對你造成不利影響的機率。它不等於「一定會發生」，但一旦發生，就會讓你的財務與生活遭遇劇烈衝擊。

根據風險管理學，風險可分為兩個維度：

◆ 發生機率（Probability）
◆ 衝擊強度（Impact）

第四章　從市場到你家：打造個人的經濟策略

真正需要關注的，不是最常發生的事件，而是「**少見但一發生就讓你無法承受的事件**」。這種風險被稱為「尾端風險」（tail risk），如癌症、車禍、失業、家庭意外、法律糾紛等。

二、庶民生活中常見的五種風險來源

1. 健康風險

重大疾病、意外事故、長期療養、突發醫療費用等。這是最常被忽略、但最容易摧毀財務系統的風險。

2. 收入風險

失業、接案量減少、行業衰退、公司裁員、薪資凍漲等，都會造成現金流中斷。

3. 家庭責任風險

結婚、生子、父母退休、子女教育支出等，皆為長期責任。一旦無法履行，將影響家庭穩定與信任結構。

4. 市場風險

投資虧損、資產價格暴跌、利率波動、金融詐騙等，常因過度相信「獲利機會」而忽視潛在代價。

5. 法律與社會制度風險

政策變動、法規修正、社會保險制度不穩等，都會影響你對未來的規劃與安全感。

三、風險不是該不該承擔，而是怎麼承擔

每一個人都會面對風險，關鍵不是逃避，而是分級管理。這裡提供一個簡單的風險管理三層架構：

1. 風險轉移（Transfer）

將難以預測與負擔的風險，透過保險轉移給他人（通常是保險公司）。例如：

◆ 實支實付醫療險：轉移醫療費風險
◆ 意外險：轉移突發事故風險
◆ 壽險：轉移身故後家庭收入中斷風險

注意：**保險不是儲蓄，也不是投資，而是「保命工具」。**

2. 風險緩衝（Buffer）

透過預備金、資產分配與生活彈性設計，在風險發生時能延緩傷害。例如：

◆ 3～6個月緊急預備金
◆ 保守性投資部位
◆ 多元收入來源

這些設計不會讓你免於風險，但能買到「調整的時間」，減少情緒性決策與資產蒸發。

3. 風險吸收（Absorb）

對於小額或頻繁但可預測的風險（如手機壞掉、家電損壞），可以透過日常儲蓄與紀律吸收，不必靠保險或借貸。

這三層構成「防災金字塔」，由下往上建立，從日常準備到突發支援，讓你不被單一風險拖垮整體生活。

四、如何選擇適合自己的風險管理工具？

庶民保險規劃應該「保大不保小，保命不保利」。以下是建議優先順序：

保險類型	建議順序	核心目的
定期壽險	第一優先	防身故後家庭失去經濟支柱
實支實付醫療險	第二優先	支付住院與手術費用
意外險	第三優先	短期突發風險保障
癌症險／重大疾病險	第四優先	長期療養與高額支出補充
長照險	第五優先	預防老年失能風險

不建議將壽險與投資混合（如儲蓄型保單），也不建議為了「小風險」購買高保費商品。保險的價值，在於**承擔你無法承擔的事，而不是補貼你願意自付的小損失**。

五、打造你自己的風險防線：四步行動計畫

- ◆ **盤點風險來源**：寫下目前生活中可能會打亂你財務的變數（如：身體狀況、工作穩定性、家庭負擔）。
- ◆ **計算衝擊成本**：每一項風險若發生，你會損失多少金錢？這些是你要準備的底線資金。
- ◆ **設計對應機制**：該保險的保險、該存錢的存錢、該規劃的規劃，把防線變具體。
- ◆ **每年檢視調整**：隨著人生階段、家庭結構與資產變化，風險管理計畫也要動態更新。

第四節　風險管理：面對生活不確定的財務防線

風險不是詛咒,而是規劃的起點

在這個充滿不確定性的世界,風險不是什麼會不會發生的問題,而是什麼時候發生你會不會被擊垮的問題。你無法控制明天是否下雨,但你可以帶傘;你無法控制會不會失業,但你可以準備現金與技能。

庶民的經濟策略不能只有成長目標,也要有風險思維。真正聰明的行動者,是那種即使風暴來襲,也能撐過去、再重新起跑的人。

第五節　提升收入主體性：打造你的價值輸出模型

你賺的每一分錢，都是你把某種**價值轉化為他人願意支付的對價**的結果。這個價值，可能是你的時間、技能、經驗、創意、信任、影響力，甚至是人格。問題是，大多數庶民只會「出賣時間」，卻很少思考：**除了工作八小時，我還能怎麼創造收入？**

在這個章節，我們要從被動賺薪水的思維跳脫出來，建立一個更主動、更具掌控感的收入框架。這不代表每個人都要創業當老闆，而是要學會把自己的能力轉化為「可放大、可複製、可變現」的價值模型。

這節不談抽象夢想，我們要實戰地告訴你：什麼是收入主體性？你該怎麼從「執行者」進化為「設計者」？又該如何一步步讓收入來源不再只靠單一職位與雇主？

一、什麼是「收入主體性」？
　　不是領多少，而是掌握多少

「收入主體性」指的是**你對收入來源、變動、提升與再創的自主能力**。舉例來說：

◆　上班族被裁員後，能否在短時間內轉職或接案？
◆　學生畢業前是否已擁有自我變現的副業模式？
◆　家庭主婦是否能用專長在線上建立收益流？

第五節　提升收入主體性：打造你的價值輸出模型

當你沒有主體性時，你只能「等著別人給你薪水」；當你有主體性時，即使環境劇變，你仍有辦法設計自己的收入系統。

收入主體性的關鍵在於四件事：

◆ 能不能靠自己產出有價值的東西
◆ 能不能把它系統化、規模化
◆ 能不能因時制宜調整內容與形式
◆ 能不能跨出被僱用的架構，擁有談判與選擇權

二、庶民可行的五種收入主體性模式

不論你是否有資本、人脈或名氣，以下五種收入模式幾乎人人可學、可做、可複製：

1. 技能變現型：把你會的，轉為可販售的服務

如文案寫作、剪輯設計、簡報製作、翻譯、資料分析、系統整合等。你不需要完美，只要「比某些人多懂一點」，就可以開始提供價值。平臺如：Pinkoi、Hahow、Fiverr、104 兼職等。

2. 內容創造型：建立自己的知識影響力資產

你可以透過部落格、Podcast、YouTube、電子報等方式，建立內容長尾，吸引讀者與訂閱，進而發展廣告收入、付費內容、線上課程、導購與贊助。

這不是要成為網紅，而是建立你的**價值擴散基地**。寫旅遊筆記、讀書心得、投資日誌、語言學習紀錄，都能累積數位資產。

097

3. 社群連結型：組織你的人脈網路產生價值

舉例來說，開社群學習團、設計師讀書會、職涯轉職群、媽媽育兒社團等。透過社群經營，你可以聚集特定興趣與需求者，進而建立影響力與潛在商業合作機會。

4. 數位產品型：開發一次，販售無限

如模板、筆記工具、電子書、簡報範本、Notion 頁面、Excel 自動報表等，這些工具只要設計一次，就能反覆銷售與升級，不需時間換錢。

這類產品特別適合知識工作者與技術型人才，透過自動化平臺如 Gumroad、Ko-fi、Payhip 販售。

5. 線上教學型：用系統性教學放大你的經驗

你會 Excel，就能開線上課；你在業界累積 10 年經驗，就能教轉職；你育兒有心得，就能教親子策略。平臺如 Hahow、PressPlay、YOTTA、Skillshare 都能幫助你製作與販售課程。

這種收入模式有高轉換成本，但一旦完成，就能長期創造被動現金流。

三、打造價值輸出模型的五大步驟

1. 盤點可轉化價值

問自己三個問題：

- 我有什麼是別人常來問我、請教我的？
- 我過去做過哪些專案，能轉成模組或範本？
- 我有什麼故事或經歷，對他人可能有啟發或借鏡？

這些就是你可變現的價值基礎。

2. 設計輸出形式

每一份價值都可有多種輸出形式，例如：

- 寫成文章、轉為影音、整理成教案、製作成表單工具
- 將一次性的服務轉為長期顧問或自動化訂閱制
- 將知識轉化為流程，再轉為模組或社群服務

3. 選擇適合平臺與工具

選擇你最熟悉、最有可能持續的媒介，不要貪多。從一個平臺做出穩定成果，再複製到其他平臺。工具可以是：

- Medium / 方格子（文章）
- YouTube / Podcast（影音）
- Instagram / Threads（社群）
- Notion / Excel / Canva（模板）

4. 建立產出節奏與機制

沒有節奏的價值無法累積。你可以設定：

- 每週一篇短文，每月一份小產品
- 每兩週更新一次社群主題
- 每月開一場線上微課或直播

穩定輸出，比突發神作更有長期價值。

5. 測試市場與疊代調整

開始不代表要完美，**市場會告訴你什麼有用、什麼沒用**。關鍵不是預測成功，而是快速修正方向，建立可複製的模式。

四、建立自己的收入護城河：讓價值「不被取代」

你的價值越容易被複製，你的收入就越脆弱。打造可持續的「收入護城河」，可以從以下三方面思考：

- **專業深度（專才）**：在某個領域深入累積知識與經驗
- **跨界整合（複合）**：將兩項以上技能或經驗做出差異化組合
- **風格人格（辨識）**：建立屬於自己的語言風格、價值觀與吸引力

舉例來說，一位會 Excel 的工程師很常見，但如果他同時懂教學、又能把技術變成簡單易懂的圖解，就不容易被取代。

你不是商品，但你可以是生產者

庶民經濟不是在等待「有一天老闆加薪」，而是從現在開始，設計你自己的收入模型。當你學會把自己轉化為一套可複製的價值系統，你就不再只是市場的執行者，而是策略設計者。

別等著被看見，自己開始發光；別等著被選擇，自己創造機會。你的收入，不該只是存款數字，而是你對這個世界所創造影響力的回報。

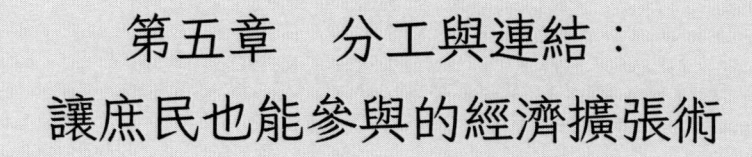

第五章　分工與連結：
讓庶民也能參與的經濟擴張術

第五章　分工與連結：讓庶民也能參與的經濟擴張術

第一節　分工的本質：為什麼合作比單打獨鬥更重要？

《國富論》的開場，就是從「分工」談起。亞當斯密描述了一家製針工廠裡，每一位工人只負責一個小步驟，最終的產出卻遠高於每個人各自做完整根針。這不只是一段工業革命前的故事，更是一套經濟增長的根本邏輯：**分工帶來效率，效率創造富裕**。

但在 21 世紀，這個道理依然適用嗎？在一人公司、數位游牧、自由工作者當道的今天，我們是否又重新走回了「單打獨鬥」的路？

本節要帶你重新理解分工的現代意義，從「角色合作」到「價值串聯」，從職場中的合作模式，到斜槓個體之間的互補網路。分工不再只是「你做什麼我不做什麼」，而是**你能創造什麼價值，我如何讓它被放大並轉化為我也有份的回報**。

一、分工不是職位，而是效率的設計

傳統的分工，是把大任務切成小任務，讓不同人做不同事。但現代的分工，不只是分「事」，而是分「能力」、「資源」與「風險」。

舉例來說：

- 設計師做視覺，工程師寫程式，PM 整合流程，這是職場分工；
- 創作者生產內容，編輯負責包裝，行銷推進流量，平臺提供管道，這是價值鏈分工；

- 顧問提供專業，助理處理行政，合作夥伴做拓展，這是商業合作的責任分工。

而每一次成功的分工背後，關鍵在於：

- **每個人都能專注在自己最有價值的位置上**
- **減少重複與浪費，提高整體產出**
- **讓資源、創意與風險被更有效率地分攤與整合**

換句話說，分工不只是提升產能，更是一種**節省認知與時間成本的策略**。

二、個體工作者的迷思：獨立 ≠ 孤立

現在許多人選擇自由接案、斜槓、創業，嚮往不受拘束的工作形態。但也常陷入一個陷阱：**以為什麼都要自己來，才叫做自由。**

事實上，當你什麼都自己處理，你會遇到：

- 認知負擔過高，無法專注發揮最擅長的事
- 技術門檻與時間限制，拖慢進度甚至降低品質
- 因為沒有他人參與和提供意見，缺乏市場回饋與成長機會

真正的自由，是「你能選擇合作的對象」，而不是「你只能孤軍奮戰」。一個高效能的個人品牌，往往背後都有一個小型的合作網路。

例如：

- 寫作者與編輯合作，提升內容品質與發行節奏
- 接案者與其他技術夥伴合作，提供整合型解決方案

第五章　分工與連結：讓庶民也能參與的經濟擴張術

◆ 創作者與社群經營者合作，拓展影響力與商業變現可能性

當你找到適合的分工夥伴，你的產出將被放大，你的時間將被釋放，而你的收入也可能成倍數增長。

三、建立個人分工網路的四個關鍵能力

1. 辨識你的核心價值與優勢

問自己：「我在這件事中，提供的是什麼獨特的價值？」

是創意？邏輯？技術？流程設計？對用戶的敏銳？清楚這一點，才能決定該把哪些任務分出去。

2. 尋找互補而非類似的合作對象

合作夥伴不需要和你一樣強，而應該是**在你不擅長處有強項**的人。設計師找文案，企劃找技術，創作者找營運。互補，才有合作的必要性與長期性。

3. 設計清楚的合作規則與成果定義

分工合作不只是「幫我做這個」，而是「你負責什麼、何時完成、如何溝通、成敗怎麼定義、報酬如何分配」。沒有清楚合約與流程，就容易產生誤解、落空或信任破裂。

4. 持續回顧與調整夥伴網路

合作不是一成不變的婚約，而是一種「利益互惠」的共生結構。定期問自己：「這個合作模式是否還有效？對方是否仍與我的目標一致？」能讓分工成為動態調整的資源系統。

四、從分工到共創：現代經濟的連結性思維

在網路時代，我們面對的是一種「去中心化」的經濟環境。分工不再局限於組織內部，而是延伸到全球平臺與社群。

你今天設計一套 Notion 模板，別人可以加值後再轉賣；你提供一個 API，開發者用來創造其他工具；你寫一篇內容，社群成員轉分享並衍生出不同觀點與應用。

這是一種「網狀價值串聯」，每個人都可能是他人價值鏈上的一個節點。這裡的分工不是由老闆分派，而是靠信任、能力與回報機制自然建立。

這也是為什麼：

- **擅長跨界連結的人，常常能突破收入天花板**
- **懂得設計平臺而非只賣單品的人，更能建立長期經濟韌性**
- **願意與人共創的人，反而擁有更大的個人影響力與回報**

五、庶民版的經濟擴張術：小合作、大成長

你不需要創辦公司、成立工作室，才能實現分工。你只需要從現在開始：

- 找一個你信任、互補、目標一致的夥伴
- 為你正在做的計畫找一個可以「一起做得更好」的人
- 讓你能外包的小任務，交給願意學習成長的人
- 與不同角色（如設計、行銷、技術、文字）合作一次小型專案，從中磨合與學習

第五章　分工與連結：讓庶民也能參與的經濟擴張術

每一次合作，都是一次價值測試；每一條分工鏈，都是一次經濟擴張的可能。

> **一個人可以走得快，一群人可以走得遠**
>
> 　　分工不是對個人能力的否定，而是對整體效率的肯定。在這個資訊與機會爆炸的時代，最聰明的庶民策略，不是把自己變成萬能機器人，而是讓自己成為一套生態系的一部分。
> 　　你不需要靠自己完成一切，但你需要知道自己在整體價值鏈中的位置，並找到讓你能專注發揮的角色。同時，也讓別人能因為你的存在而發揮得更好。

■ 第二節　共享平臺與庶民經濟的下一步

在過去，要成為一位小商人，你需要開店、進貨、找顧客、處理金流與稅務；要創業，你得先籌資、租辦公室、僱員工。但在今天，一支手機、一個帳號、一項技能，就可以讓你成為一人公司。這不是奇蹟，是「平臺經濟」與「共享機制」帶來的庶民革命。

Uber 不擁有任何車子，卻創造了千萬計程車司機的工作；Airbnb 沒有任何飯店房間，卻成為全球最大住宿平臺；YouTube 沒有拍一支影片，卻培養了數十萬創作者；臺灣的 Pinkoi、露天拍賣、街口、Hahow、PressPlay、flyingV 等，也都在重塑個體參與市場的門檻。

這些平臺的出現，不僅讓庶民有機會參與經濟、創造收入，更改變了我們看待勞動、價值與合作的方式。本節將分析共享平臺經濟的運作邏輯、參與方式與潛藏風險，並教你如何從「使用者」晉升為「平臺經濟的行動者」。

一、平臺的本質：把「市場機會」模組化給你用

所謂平臺（platform），本質上是一種**價值交換的基礎設施**。它幫你完成三件事：

讓供需可以快速對接

你想賣插畫，有人剛好想找人畫圖；你會剪片，有人剛好缺影片後製──平臺讓這些看似偶然的需求變成常態機會。

第五章　分工與連結：讓庶民也能參與的經濟擴張術

建立信任與評價機制

在沒有彼此認識的情況下，平臺透過訂單、評價、規則與金流安全，讓交易可以進行。

提供工具降低參與門檻

如上架系統、金流串接、客服系統、行銷模版等，讓你不用自己當工程師，也能進入商業場域。

這些設計，讓過去只有大公司能做的事，現在小個體也可以試試看。你不用打造一個網站就能賣課程，不需要有工廠就能賣商品。

二、平臺類型總整理：你適合加入哪一種？

平臺類型	代表平臺	適合對象	核心功能
商品交易平臺	蝦皮、Pinkoi、露天拍賣	手作人、創作者、零售者	販售實體商品與設計產品
技能媒合平臺	Tasker、104兼職網、Fiverr	接案者、專業技能者	發案與接案對接
創作平臺	方格子、PressPlay、Patreon	作家、藝術家、內容創作者	贊助、訂閱、內容變現
教學平臺	Hahow、YOTTA、Skillshare	有教學能力者	開課與學習資源販售
群眾募資平臺	flyingV、嘖嘖、Kickstarter	創業者、產品開發者	預售與資金募集
共享平臺	Uber、Airbnb、WeMo	有交通或空間資源者	資源共享與使用媒合

每一種平臺，都對應一種「庶民能用來進市場」的方式，你不需要一次跨足全部，而是應根據你的價值類型與時間彈性，選擇一到兩個做深。

三、如何成為平臺中的「優勢參與者」？

平臺的參與門檻雖低，但能真正做出穩定收入的參與者，往往具備以下特質：

1. 清楚自我定位

你提供的是什麼價值？適合哪一群人？與其他參與者有什麼差異？平臺上永遠不缺供給，但缺乏「明確、有個性的選擇」。

例如同樣是設計服務，有人主打「溫暖療癒風」，有人強調「高轉換行銷導向」，你要明確告訴市場你是哪一種。

2. 經營好第一批顧客與評價

在平臺經濟中，信任是靠**他人證明**而非自我標榜建立的。初期寧可壓低價格也要累積好評，長期才能逐步抬價與升級服務層級。

3. 優化流程與客製包裝

平臺競爭激烈，除了內容與價格外，你的**服務體驗、溝通效率、交付品質**也都是勝負關鍵。

你要像在經營一間小型品牌，而不是只是做「兼差」。這個態度，會決定你能不能從副業走向真正的**價值型收入來源**。

四、共享經濟的挑戰與風險

雖然平臺開啟了新的可能性，但它也有以下風險需提前掌握：

收入不穩定性高

沒有保底薪資、工作不固定、競爭者多時價格易下滑。需有現金流控管與多平臺備援策略。

第五章　分工與連結：讓庶民也能參與的經濟擴張術

依賴單一平臺風險

　　若平臺規則變動、演算法調整或下架你的內容，可能一夜之間損失所有曝光與收入。因此你應建立自有名單（如 Email、LINE 社群）與社群基地。

平臺抽成與限制

　　多數平臺會收取 10～30% 不等的手續費，還可能限制定價、溝通與營運方式。要精算成本與利潤空間。

缺乏社會保險保障

　　自由工作者往往無法享有勞保、健保、職災保障，需自行規劃保險與退休金制度。

五、從「上平臺」到「成平臺」：更高階的庶民策略

　　當你在某個平臺站穩腳步後，不妨思考如何**反轉平臺角色**：

- 組成內容合作小團隊，從創作者變成「微型媒體」
- 集合設計師與接案夥伴，共同承接整包案子，變成「整合服務方」
- 發展自己的網站、電子報或品牌頁面，將顧客從平臺引流到你自己的據點
- 設計一套 SOP，把你的成功模式轉給其他人變現（如教學、顧問、工具包）

　　你不需要真的創立平臺公司，但你可以逐漸建立自己的**商業節點能力**，讓你不只是參與者，更是串聯者與資源分配者。

　　這才是真正的「庶民經濟主權升級」。

平臺是工具,不是終點

平臺經濟給了庶民一個參與市場的捷徑,但不是讓你停留在「兼職模式」的藉口。你可以從平臺起步,但要思考如何逐步累積自己的品牌、顧客群、服務流程與商業模型。

善用平臺,你能起飛;掌控平臺,你能翻轉人生。

第五章　分工與連結：讓庶民也能參與的經濟擴張術

■ 第三節　合作經濟的實戰模型：從共事到共利

在快速變動的經濟環境中，個人單打獨鬥的空間越來越小，合作型經濟模式逐漸成為庶民突破瓶頸、實現價值放大的關鍵選項。所謂「合作經濟」（Cooperative Economy），並不是什麼艱澀的理論，而是一種**以信任為基礎，以契約為工具，以共享為目的的經濟關係設計**。

你可能已經參與其中，卻沒意識到：與朋友合開團購、與夥伴共同經營社群、在平臺上分潤創作收益、甚至是與同好組成小型創業團隊，這些都是合作經濟的具體實踐。

本節將帶你從實戰角度理解合作經濟的本質與運作邏輯，介紹幾種適合庶民實踐的共利模型，並提供如何建立穩定合作關係的工具與心法。合作不只是一起做事，更是一種可複製、可放大的「共贏架構」。

一、合作經濟的三大核心原則

合作經濟不只是「大家一起努力」，它的關鍵是能否從**共事進展到共利**，並具備可持續性。核心原則如下：

1. 利益對等，不是資源對等

合作不一定要雙方「一樣強」，而是要**雙方貢獻的價值都被承認並有回報機制**。例如：一人提供技術，一人提供行銷，一人出資金，都可以公平分利，只要前期約定清楚。

2. 信任是前提，機制是保險

朋友可以當夥伴，但不能只靠「感覺」。合作關係需要制度設計、明確分工與責任定義，才能長期走下去。

3. 共享價值，勝於分贓利潤

好的合作不是「分餅」，而是「一起把餅做大」。以共享願景為前提的合作，更容易創造超出預期的成果，也更能激發彼此潛力。

二、庶民可行的合作經濟模型

以下幾種合作型態，是庶民最常實踐、也最有成效的經濟共創架構：

1. 共創型合作（Co-Creation）

多位創作者或專業者，共同開發一個產品或服務。例如：

- 文字工作者＋設計師＋行銷人員，共同製作電子書與行銷包
- 三人小組開發一款線上工具，分工設計、工程與客服
- 兩位講師合開線上課程，內容互補、共用平臺與社群

成功關鍵：專業互補＋明確分潤機制＋共擁產權規則

2. 平臺式合作（Platform Partnership）

透過某個平臺或工具建立合作網路與收入系統，例如：

- 在 Hahow 開設系列課程，由不同講師輪流講授
- 經營電子報平臺，一位寫作、一位編輯、一位做行銷
- 建立 YouTube 頻道，導演＋剪輯＋社群經營三方合作

成功關鍵：共享品牌＋分工明確＋共同出資或共管帳號

3. 分潤聯盟型合作（Affiliate / Revenue Sharing）

一方提供產品或知識，另一方提供銷售或通路推廣。例如：

◆ 你開線上課，請內容創作者幫你推廣，銷售後分成
◆ 你是開發者，授權工具給教育平臺，收入按比例拆分
◆ 合作社群互推產品，彼此建立分潤聯盟關係

成功關鍵：清楚的分潤比例＋銷售追蹤機制＋信任基礎

4. 社群型共建合作（Community-as-Partner）

不是「老闆－員工」的關係，而是「成員共創、共治、共享」的合作社群。例如：

◆ 創作者社群共同建立知識資料庫，成員可互用並收費
◆ 共同開設線上市集，由成員提供商品與營運輪班
◆ 社區課程平臺，每個人既是老師也是學生，分攤成本與利潤

成功關鍵：高度參與感＋明確規則＋公開透明的治理

三、合作失敗的四大陷阱與預防方法

陷阱 1：合作目標模糊，導致期望不一致

→預防法：合作前要「寫下」目標、動機與預期成果，不只是口頭協議

陷阱 2：分工不明，互踩彼此職責

→預防法：每人工作內容、交付期限、決策權責要具體列明

陷阱3：沒有財務制度，錢進來就翻臉

→預防法：使用共用帳戶、定期對帳、每月固定報表與分帳紀錄

陷阱4：初期熱情高，後期沒人扛責

→預防法：建立「退出機制」，如貢獻度比例調整、階段結案權利義務清單等

合作失敗往往不是因為不夠努力，而是因為**沒有提早設計合作制度**。

四、建立合作經濟的五項工具建議

工具名稱	功能	適用情境
Notion／Airtable	專案管理與分工記錄	小團隊內容共創、文件合作
Splitwise／Koo	收支記帳與分帳記錄	分潤型合作、群體費用分擔
Google 文件＋Drive	合作契約、資料共用	所有合作初期與營運文件
LINE／Discord／Slack	團隊溝通平臺	日常討論與進度同步
SignNow／HelloSign	線上簽署契約工具	正式建立合作關係與權利義務

這些工具不一定都要用，但至少要有「共同管理的地方」＋「紀錄透明的方式」＋「可追溯的協議與金流」三者並存，才能讓合作長久而穩固。

第五章　分工與連結：讓庶民也能參與的經濟擴張術

> **真正強大的庶民，不是獨行，而是能建立自己的小經濟體**
>
> 　　我們不必幻想每個人都要變老闆或創業家，但每一個人都能成為一個小型經濟單位。當你學會與人合作，你就能建立起「可放大、不脆弱、能循環」的收入系統。
>
> 　　合作不是為了彌補不足，而是為了成就更大的自己與他人。從共事到共利，從共創到共富，是庶民經濟從個體走向生態的關鍵一步。

第四節　人脈即資本：庶民的信任網路經濟學

在現代經濟社會中，個人的財富與機會早已不只來自存款數字或投資績效，而是來自於你能夠連結多少資源、影響多少人，以及能否被信任地參與他人的價值創造。這就是「人脈即資本」的邏輯。

對庶民來說，這不代表你非得結交富商名流、出入政商圈，而是**如何建立一套信任網路，讓你在關鍵時刻能取得幫助，在日常中能創造合作與價值。**

本節將從信任經濟的本質談起，說明庶民該如何打造屬於自己的網路資本，並教你具體的連結策略與注意事項。人脈不是「拜託人」，而是**你提供價值、維繫關係、創造互利的過程產物。**

一、什麼是信任網路？經濟資源的另一種樣貌

人脈在過去常被誤解為「關係靠山」，但在現代社會，人脈真正的價值有三個核心：

- **資訊資本**：能否在第一時間接觸到有用、真實且具時效性的訊息（如工作機會、合作邀約、趨勢變化）
- **機會資本**：有人願意介紹、提攜、推薦你進入某個專案、社群或合作環境
- **互惠資本**：你能提供幫助，對方也能為你開門，彼此互利而非單向索取

簡單來說，**你的信任網路就是你能參與的經濟系統範圍。你的人脈越深、關係越穩定，你可動用的資源與機會就越多。**

第五章　分工與連結：讓庶民也能參與的經濟擴張術

二、庶民打造網路資本的五大關鍵心法

1. 先給價值，再談連結

不要問「對方能幫我什麼」，而是問「我能為對方創造什麼價值」。這價值可能是知識、觀點、時間、平臺、鼓勵、技術或協助。不必等到很厲害才貢獻，每一個幫忙都是在建立信任帳戶。

2. 弱連結比強連結更重要

哈佛社會學家馬克・格蘭諾維特（Mark Granovetter）提出「弱連結理論」，指出人生中最重要的轉機與機會，往往來自你不是很熟、但彼此互信的關係。因此不必只經營「最好朋友」，更應廣建高質感的弱連結網路。

3. 長期互動，而非一次性利用

人脈的建立是長期養成，不是一場飯局或一封私訊就能速成。你要持續出現在對方的世界中，透過留言互動、內容分享、意見給予、實質幫助，慢慢累積熟悉感與合作可能。

4. 不「經營」人脈，而是「貢獻」關係

真正厲害的人脈來自彼此敬重與互相欣賞，而不是看誰可以利用誰。若一開始就想著要從對方身上「拿什麼」，不僅失禮，也很快被識破。

5. 以誠信與專業累積社會資本

現代社會的資訊高度流通，你的行為、聲譽、合作經驗會被快速記錄與傳遞。你的一次交付失敗、一次推卸責任，可能毀掉整個圈子的信任。因此，誠信就是你最重要的長期資產。

三、打造信任網路的實作策略

1. 定期輸出價值：讓別人知道你在做什麼

透過部落格、社群貼文、電子報或公開演講，讓你的知識、觀點與專業穩定地被看見。**讓別人想到某個領域時，會聯想到你**，就是高信任網路的核心。

2. 小型聚會與社群參與：從互動中累積認識

你不必參加大型商業派對，只要持續參與同溫社群（如讀書會、工作坊、專業社群）就能建立穩定人脈基礎。每一場活動不是為了「立刻成交」，而是為了「種下熟悉的種子」。

3. 主動串連資源：讓人看見你的組織價值

舉例來說：

- 把需要剪輯的朋友介紹給正在找剪輯的創作者
- 把經驗寫成 SOP 與他人分享
- 協助大家整理資源，成為「有用的人」

你幫多少人解決問題，就能建立多少人對你的信任期待。

4. 名單管理與再連結機制

使用 Google Sheets 或 Notion 建立「信任網路名單」，記下對方的專長、過往互動、最近情況。每月主動關心 3 ～ 5 人，發送電子報、簡訊或問候，也能保持連結不斷線。

第五章　分工與連結：讓庶民也能參與的經濟擴張術

四、庶民社群經濟的案例啟發：
　　臺灣斜槓小社群的翻身故事

　　2017 年，一群來自不同背景的臺灣青年——有的是語言教師，有的是插畫接案者，有的是理財部落客——在一次線上讀書會認識。他們發現彼此的專業可以互補，於是成立了一個名為「平日經濟實驗室」的社群。

　　他們每週辦一次分享會、每月推出一份共筆電子報，三個月後推出自己的線上課程平臺，一年內社群成員數突破五千人，更共同出版一本合著書。最關鍵的是，他們之間從不講「誰是老闆」，而是透過專案制合作、公開分潤與角色輪替機制，打造出庶民也能參與的微型經濟體。

　　這個案例說明：**真正強大的人脈網路，是建立在信任、貢獻與共創之上，不是靠頭銜、關係與行銷話術建出來的。**

你的人脈圈，就是你可動用的經濟系統

　　在這個平臺與個體崛起的時代，個人再也不是「邊緣人」，而是價值網路中的一個重要節點。你所信任的人、信任你的人，就是你未來可參與、可創造、可翻轉世界的起點。

　　庶民不必變富豪，也能擁有人脈資本；你不需上層背景，只需持續提供價值，累積信任，那麼有一天，機會就會從人群中向你走來。

第五節　庶民經濟生態圈的誕生：從個人策略到集體力量

在本章前四節中，我們一步步描繪了庶民參與經濟的實用策略：從個人價值的分工輸出、平臺機會的運用、合作經濟的制度設計，到人脈與信任網路的建構。這些行動看似獨立，實則正是「庶民經濟生態圈」的基礎構件。

庶民經濟生態圈，是指一群個人、社群與小型單位，透過分工合作、共享資源、互信互利的方式，形成具備自我循環、自我成長與抗風險能力的經濟共生體。

它並非政府推動，也非財團主導，而是來自**底層個體彼此選擇相信、合作與共創的集體行動**。這正是當代最值得關注的經濟新力量，也是庶民翻轉未來的最大依靠。

一、什麼是庶民經濟生態圈？三個核心條件

1. 多元而互補的角色結構

一個健康的經濟體，必須有內容創作者、技術開發者、行銷推動者、營運整合者、教育訓練者、資源支援者等角色，彼此形成**價值鏈循環**。庶民生態圈不靠單一領袖，而是靠網路分散的專業能量。

2. 共享平臺與制度工具

沒有制度，再有熱情也難以持久。這些生態圈往往擁有自建的工作平臺（如共用 Notion、合作表單）、金流工具（如共用帳戶、記帳系統）、溝通管道（如 Slack、Discord、LINE 社群），讓合作可以制度化、透明化。

3. 共同願景與價值觀

這類生態圈不一定追求最大利潤，而更重視價值感、生活品質與長期韌性。他們往往重視創意自由、知識共享、生活平衡、地域連結與環境永續等價值，並以此吸引志同道合者參與。

二、庶民生態圈如何誕生？從三個起點開始

起點一：從一群人解決一個問題開始

所有有效的庶民經濟生態圈，最初都是為了解決一個具體問題，例如：

- **創作者群聚**：面對接案混亂，共建流程工具與報價標準
- **自由工作者聯盟**：解決無勞健保問題，發展共保計畫與專案媒合
- **在地經濟網路**：小農與設計師合作開發品牌、社區民宿共營行銷資源

當你找到一群人有相同困擾，就有了起點。

起點二：從一個共用資源開始

共用的表單、共學的讀書會、共辦的課程、共創的作品集，都是社群經濟的種子。共享平臺讓人們從單向輸出走向雙向連結，當這些資源被制度化，就能形成長期的合作關係。

起點三：從一場穩定的對話開始

一個穩定運作的社群，常常是從一次又一次的開會、討論、回顧與檢討中誕生的。共識來自溝通，信任來自時間，而不只是靈光一閃的點子。**能夠穩定開會，是建立生態圈的第一道防線。**

三、成功案例解析：從一人公司到庶民公司型態

案例一：日本「自由工作者協同會」

日本東京一群自由業插畫師與設計師，在疫情期間為解決案源不穩與合作斷裂的問題，自發成立「自由工作者協同會」。他們定期開會排程案源、輪流處理行政與客服，還成立共用品牌網站與收款帳戶，透過制度保障分潤、保障休假，並建立失能時互助基金。如今已發展出五十人以上的合作網路，並獲得企業長期委託。

案例二：臺南「老屋共創計畫」

一群青年文創工作者在臺南購入舊宅翻修，並以「共創」為主軸開設品牌工作坊，開放空間讓不同領域的人共用場域資源（如攝影棚、直播室、會議空間），再由彼此串聯產品開發、展覽與商業合作，讓整棟建築成為一個「微型經濟共生圈」。

四、打造你自己的庶民經濟生態圈：五步實踐法

第一步：定義價值主軸

先問清楚：「我們要一起解決什麼問題？創造什麼價值？有哪些限制？」建立共享願景與原則。

第二步：設計合作制度

包含工作分配機制、收入分潤方式、專案管理工具、退出與接替機制、財務透明流程等。越早制度化，越能避免情緒與誤會干擾合作。

第五章　分工與連結：讓庶民也能參與的經濟擴張術

第三步：建立共用平臺與儲存系統

如 Notion 作為知識庫、Google Drive 作為資料共享庫、Slack 作為溝通管道、LINE 作為即時通訊群組等。**平臺是行動的場域，不只是聊天工具。**

第四步：導入收入模型與產品設計

從共筆電子報、共創商品、共辦課程、共推品牌到共接專案，讓生態圈不只是「溫馨社團」，而是真正可產生收入的合作單位。

第五步：穩定運作與擴張節奏

一開始人少沒關係，關鍵是**能不能長期穩定運作**。一旦成功跑出第一套模型，再逐步擴張規模、複製流程、接納新血、進化系統。

五、庶民生態圈的未來願景：從孤島到群島

當一個庶民經濟體從個體走向合作、從合作走向制度，從制度走向價值社群，它就不再是一座孤島，而是一座可以與其他小島連結的**庶民群島經濟**。

想像一下：

- ◆ 教育工作者組成開課平臺，合作提供教案、內容與市場行銷
- ◆ 醫療輔助人員結盟推動社區健康計畫，申請補助與成立品牌
- ◆ 自媒體工作者建立聯播網路，一起分流觀眾、共享贊助機會
- ◆ 地方創生團體彼此合作共享資源、互推產品、協助政府標案

這些並非夢想，而是正在臺灣、韓國、日本、美國的地方角落悄悄發生的**庶民版經濟革命**。

第五節　庶民經濟生態圈的誕生：從個人策略到集體力量

> **當我們連結，我們就有了未來**
>
> 　　庶民不再只是經濟結構的邊緣人，而是可以用自己雙手與朋友們的力量，創造出新型態經濟空間的創造者。分工讓我們各自精彩，合作讓我們彼此壯大，信任讓我們不再孤單，而生態圈讓我們有了真正的集體韌性。
>
> 　　你不需要很有錢、很厲害或很有名，只需要願意相信、願意合作、願意長期經營，你就可以參與一場真正屬於庶民的財富共創運動。

第五章　分工與連結：讓庶民也能參與的經濟擴張術

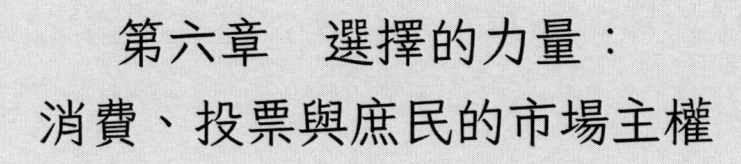

第六章 選擇的力量：
消費、投票與庶民的市場主權

第六章　選擇的力量：消費、投票與庶民的市場主權

■ 第一節　消費不是花錢，而是投票

在你每一次走進便利商店買咖啡、在電商平臺點選商品、在超商刷卡結帳的瞬間，你也正在進行一項投票行為 —— **你在用金錢支持某種產品、價值與經濟模式的延續。**

亞當斯密曾說：「市場看不見的手，是由眾人的選擇所推動的。」我們常以為政治投票才會改變世界，但事實上，你每天的消費選擇，比四年一次的投票更能長期影響社會與經濟的方向。這就是「消費主權」（consumer sovereignty）的核心思想。

本節將帶你理解消費不只是個人選擇，更是一種**市場上的庶民力量。**當我們不再只是被動「買東西」，而是主動「選擇支持誰、抵制什麼、打造哪種市場生態」，我們就擁有了改變產業、改變政策、甚至改變社會文化的能力。

一、什麼是「庶民的消費主權」？

所謂消費主權，指的是在自由市場中，**消費者的選擇行為，將決定企業存亡、產品走向與市場演化。**換句話說：

- 你買哪個品牌的牛奶，決定了誰能繼續經營、誰被淘汰
- 你選擇綠色產品，讓企業重視永續
- 你訂閱哪個創作者，決定了內容的市場方向
- 你加入哪個會員制社群，支持的是一種價值系統

這不只是一筆支出，而是一種「資金流向的價值表達」。

消費者本來就不是完全自由的行動者，我們會受限於預算、習慣、廣告、時間與資訊不對稱，但只要我們有意識地選擇，我們就擁有市場上的話語權。

二、庶民常見的三種「無意識消費」陷阱

陷阱一：價格導向的自我剝削

許多庶民在經濟壓力下，傾向選擇最便宜的商品，卻忽略長期代價。例如：

- 買廉價快時尚衣物，但需經常更換、環境破壞嚴重
- 為了省 10 元買來路不明的食品，卻忽略健康與食安風險
- 使用免費 App 卻大量犧牲個資與隱私

長遠來看，這些選擇讓你用未來的安全、健康與自由換取當下的短暫便宜。

陷阱二：品牌迷思與社交綁架

在社群媒體與形象導向的世界中，許多人的消費不是為了自己，而是為了「看起來像某種人」。例如：

- 一定要買某品牌手機才能進入同溫層
- 咖啡不喝當地小店，非星巴克不行
- 認為用 iPad 讀書比較有質感，即使平板功能不符需求

這些選擇逐漸讓人失去主體性，**我們不是在消費產品，而是在消費標籤與認同感。**

陷阱三：平臺依賴與選擇壟斷

當99％的人都使用某電商、某影音平臺、某社群媒體時，你的消費其實只是在「大壟斷系統」中按下一個按鈕。你以為在比較，其實根本沒得選。

這些平臺會逐步控制你的選擇空間、影響推薦邏輯、壓縮中小品牌的生存空間，最終讓消費變成無感的預設。

三、覺醒型消費的五種選擇力量

真正的市場主權，是來自「有意識的消費選擇」。以下是庶民可以實踐的覺醒型消費策略：

1. 支持在地品牌與微型經濟體

每一次選擇在地餐廳、小農產品、地方創作者，你就在**把金錢留在本地社區**，而非流向跨國資本。這不只是愛鄉土，而是實質建構經濟韌性的行為。

2. 選擇符合價值觀的企業

你可以支持：

- 使用永續材料的品牌
- 提供合理員工待遇的企業
- 在教育、文化、環保等議題有積極作為的公司

這些企業的存在與壯大，將讓更多公司跟進你所期待的價值。

3. 訂閱你真正在乎的創作者／社群／媒體

當你主動付費給優質內容、獨立記者、教育者，而非依賴免費廣告內容，你就在**保護公共知識場域的品質與多元性**。

4. 選擇「不買」也是行動

拒買特定品牌、抵制不透明供應鏈、不再購買違反倫理的商品，本身就是市場訊號的一部分。

拒絕也是一種力量，尤其當它有集體行動時，如 #boycottfastfashion、#deletefacebook 等全球性運動。

5. 建立自己的消費決策機制

定期檢視自己的消費紀錄、分析支出趨勢、列出支持品牌清單或設定「年度不買物品挑戰」，都是讓你重獲消費主權的具體做法。

四、庶民的市場槓桿：我們如何改變產業？

你可能會懷疑：「我一個人選擇有什麼用？」但事實上，許多產業的變革，都是從「小眾但堅定的消費者群」開始：

- 因為人們支持公平貿易，超市開始引進公平認證商品
- 因為人們抵制動物實驗，美妝品牌轉向無毒與純素產品
- 因為有人願意訂閱深度報導，臺灣獨立媒體如《報導者》、《轉角國際》、《故事》(*StoryStudio*) 等得以生存

當 10%的人願意每月多花 50 元支持理念型品牌，就足以讓一家好企業活下去；當 1,000 人訂閱一位創作者，就足以養活他一年。

你不是孤獨消費者，而是市場的一份子。你的選擇，是槓桿的一端。

第六章　選擇的力量：消費、投票與庶民的市場主權

五、行動練習：打造你的「價值消費地圖」

想從今天開始實踐庶民的市場主權，可以從以下五步展開：

- ◆ 列出過去三個月你花最多錢的五個地方
- ◆ 分析這些消費是否與你的價值觀一致（支持了誰？剝削了誰？有替代方案嗎？）
- ◆ 設定下一季的「**價值消費任務**」（如一週買一次在地店家、取消一項你不在乎的訂閱服務）
- ◆ 建立「**我願意支持的品牌清單**」（從食衣住行到教育娛樂，逐步轉向符合理念的商家）
- ◆ 邀請親友一起參與／分享你支持的創作者與品牌，創造連鎖影響力

這不會讓你馬上變有錢，但會讓你更接近**有選擇權的庶民生活**。

> **每一筆花費，都是你對未來世界的投票**
>
> 　　庶民雖沒有龐大資本，也未必能影響政策制定，但我們可以透過有意識的消費，決定自己的金錢流向，進而影響市場走向。
> 　　當我們越多人選擇透明、公平、永續、在地與創新的產品與服務時，我們就在一起打造一個不再讓少數人壟斷、不再讓劣幣驅逐良幣的市場空間。

第二節　為什麼我們總是買太多？消費與欲望的心理經濟學

你可能曾經這樣問過自己：「我到底為什麼要買這個？」

也許是在深夜滑手機時看到限時折扣，也許是在社群上看到朋友分享剛開箱的好物，也可能只是在情緒低落時想給自己一點慰藉——但事後卻往往感到空虛、焦慮，甚至自責。

這不是你的錯，也不只是你個人的問題。**我們生活在一個以欲望為引擎的經濟系統裡**，消費行為早已不再只是滿足基本需求，而是混合了情感補償、社會認同、身分建構與廣告操控等多重因素。

本節將揭露為什麼我們會「買太多」，解析現代消費行為背後的心理與社會結構，並提供實際可行的方法，幫助你重建對欲望的辨識能力與消費行動的自主權。

一、從需求到欲望：消費行為的遞進結構

根據心理學家亞伯拉罕・馬斯洛（Abraham Maslow）所提出的需求層次理論，人的需求從基本的生理與安全開始，逐步邁向愛與歸屬、尊重需求、以及自我實現。

然而在現代社會，商品與服務不再只是滿足「生存」需求，而是被包裝成一種**通往尊重、歸屬與認同的象徵**。

舉例來說：

◆　一雙球鞋不只是鞋，是品味的展現，是階級的暗示

第六章　選擇的力量：消費、投票與庶民的市場主權

- 一臺手機不只是工具，是身分的認證，是群體的通行證
- 一杯手搖飲不只是解渴，是日常儀式感，是「我也在潮流中」的象徵

我們買的，常常不是商品，而是「商品背後的故事與投射」。這種現象，也讓我們更容易被引導、被操控、被過度消費。

二、現代人過度消費的五個心理誘因

1. 即時滿足 vs. 延遲獎賞

手機支付、信用卡分期、零利率購物，這些機制讓人輕易得到滿足，卻無需立即付出代價。大腦會釋放多巴胺，產生短暫的愉悅感，但很快又需要下一筆消費來填補空虛。

2. 社群壓力與比較焦慮

在 Instagram、YouTube、Threads 充斥生活「高光片段」的時代，別人的擁有變成我們的標準。當你看到朋友出國、吃大餐、買精品，你不只是羨慕，而是產生了「我是不是不夠好？」的潛在焦慮。

3. 廣告演算法的精準狙擊

現在的廣告不再只是被動接受，而是主動「猜中你」。只要你搜尋過某個商品、停留在某段影片，演算法就會餵給你更多相似刺激，直到你下單為止。

4. 補償型購物與情緒消費

在壓力、孤單、低潮、焦慮等情境下，購物行為常被用來暫時緩解不適感。這不是欲望，而是一種逃避。消費變成安慰劑，但效力極短。

5. 習慣性「花錢感」綁架

有些人習慣用「買點什麼」來結束一天、犒賞自己、找存在感。這種行為已從決策變成慣性，形成一種消費儀式感，就像每天刷一杯咖啡、每週固定網購。

三、你真的需要它嗎？建立「欲望辨識系統」

想要擺脫過度消費，第一步是學會分辨「需要」與「欲望」，這不是教條式的道德判斷，而是一種**辨識與對話的能力**。以下是一套實用的欲望辨識提問清單：

- 我是真的需要它，還是只是想要它？
- 這東西會改善我的生活品質還是短暫情緒？
- 我是否曾經買過類似的東西但沒有用？
- 如果我現在不能買，我會因此痛苦嗎？那是為什麼？
- 這是我自己的選擇，還是別人影響我做的決定？

這五個問題，能幫助你在按下「結帳」之前，拉回一點思考空間，也讓你與自己的欲望重新建立清晰的邊界。

四、庶民的消費自覺練習：五個行動方法

1. 設計「等待購買法則」

任何超過某金額（例如 1,000 元）的非必要消費，強迫自己**延遲 24 至 72 小時再做決定**。這能有效篩掉情緒型與衝動型購物。

2. 建立「願望清單」，每月審核一次

把你想買的東西寫進清單，而非馬上下單。每月月底審核一次哪些還值得買、哪些其實不再需要，這能提升你的選擇感與主體性。

3. 實踐「極簡挑戰」

每月設一個消費極簡挑戰，例如：

- 一週只花一次外食費
- 一個月不買任何新衣服
- 每天只帶一筆固定現金出門

這不是為了省錢，而是讓自己重新掌握「欲望與選擇的控制力」。

4. 建立「日常消費儀式」與「替代品庫」

如將每天的飲料錢改成泡茶儀式；將滑手機購物的時間，轉為整理書櫃與讀舊書；將逛街習慣變成社區散步。**用另一種更有價值的行動替代習慣性花錢。**

5. 找出你真正想要的不是商品，而是感覺

你渴望的可能是安全感、被認同、放鬆或成就感，而不是那個商品本身。學會用非物質的方式回應那些情感需求，你就不再需要用買東西來填補空洞。

消費可以是自由的，也可以是枷鎖

當我們不再思考為什麼買，只是在追逐最新、最潮、最便宜、最被認可的商品時，我們其實已把自己交給了市場機器——讓演算法、社群壓力與慣性思維接管了本該屬於我們的經濟主權。

但你可以選擇停下來，重新檢視那些讓你「想買」的衝動。你可以建立屬於自己的消費心理邊界與行動邏輯，讓每一筆花費都更靠近你真正想過的生活。

第三節　道德經濟：
庶民參與公平與永續的消費策略

當我們談消費時，往往想到的是「自己買了什麼」，但在這個全球供應鏈交錯、資源分配極度不均的世界裡，每一筆消費背後，都牽涉著他人的勞動、土地的使用、環境的負擔與制度的設計。這讓我們不得不思考一個更深層的問題：**我們的消費行為，是否正在製造不公平與毀壞未來？**

這也正是「道德經濟」的核心問題。

道德經濟（Moral Economy）並非高高在上的道德說教，而是一種**有意識地將個人消費與社會正義、環境永續、勞動尊嚴與制度公平結合的經濟實踐**。庶民並不一定有能力捐出大筆金錢行善，但我們卻可以用手上的每一塊錢，去支持一種我們希望存在的經濟模式。

本節將帶你從理論走向實務，了解道德經濟的來源、實踐方法與庶民可以參與的策略。你會發現，**即使只是選擇買一杯公平貿易咖啡、訂閱一個透明營運的品牌、支持在地小農，也是一種改變世界的行動。**

一、什麼是道德經濟？從正義到日常的選擇權

道德經濟的概念可以追溯至 18 世紀的社會學家與經濟學家討論「經濟行為的道德限制」。近代學者如 Edward P. Thompson 與 James Scott 則進一步發展出道德經濟的理論核心 ── **社會中不能只有市場邏輯，還應有道德責任與人際關係的規範。**

在當代，道德經濟的表現形式主要有以下幾種：

- **公平貿易 (Fair Trade)**：確保生產者獲得合理報酬、工作條件合宜
- **永續消費 (Sustainable Consumption)**：支持環保設計、減塑、碳足跡透明化
- **倫理投資 (Ethical Investment)**：資金流向符合人權、環境與社會正義的企業
- **勞動友善 (Worker-friendly)**：關注企業是否保障員工福利與安全
- **在地支持 (Local First)**：優先消費地方產品與微型創業者，促進區域經濟

道德經濟的關鍵觀念是：**個人消費雖小，卻能透過累積形成社會的價值共識與經濟選擇權。**

二、庶民能做什麼？道德經濟的五種實踐策略

1. 支持公平貿易商品

在臺灣，你可以找到眾多公平貿易咖啡、茶葉、手工皂、衣物、巧克力等商品，許多便利商店、獨立書店與文創市集皆有販售。購買這些商品，表示你支持全球農民與手工藝者獲得合理的報酬，而非淪為跨國企業壓榨的對象。

推薦品牌如：阿福市集、OKOGREEN、Green & Safe、十方社會企業。

2. 選擇永續與低碳產品

- 改用無包裝商店補充清潔用品與食材（如裸市集）
- 支持以回收、可分解或再利用材質製成的商品（如海廢再製品）
- 減少衝動購物，延長商品使用壽命

第六章　選擇的力量：消費、投票與庶民的市場主權

即使你無法做到零浪費，但你可以從一次性的選擇，轉為反覆使用的堅持。

3. 用錢支持透明誠實的小品牌

找尋那些公開財報、標示成本、揭露供應鏈的品牌，像是：

- 直接與農夫合作的生鮮配送平臺
- 公開工廠來源與工人薪資的服飾品牌
- 誠實揭示進口稅費與成本結構的國際書店或選物店

他們可能不便宜，但那不叫「貴」，那叫「真實價格」。

4. 從選舉政治走向消費政治

將你的購買視為一種日常的投票行為。拒買不友善企業、抵制低薪資剝削產品，並將原因分享給親友。這是新世代庶民的社會行動方式，不一定要上街頭，也能傳遞價值。

國際上如 #BuyBlack、#FridaysForFuture 等運動，皆透過消費行為改變政治壓力與市場邏輯。

5. 共購、合購與庶民合作型消費

號召幾位朋友、家人、鄰里，一起向在地農場、小品牌下訂，達成規模經濟並建立長期支持關係。臺灣已有眾多「食農合作社」、「綠色合購社群」，他們讓庶民不再孤立，也讓道德消費變得更有力量。

三、行動前的三個現實考量與回應

「道德商品好貴，我負擔不起」

→不必每件都買，而是挑你重視的價值進行**消費轉向**。例如先從咖啡、衣服或清潔用品中選一類開始實驗。

「我要的又便宜又好，這是我的權利」

→沒錯，但商品低價的代價可能是**別人無尊嚴的勞動、環境的不可逆破壞、下一代的生存代價**。你有權利選擇，但你也有機會選擇更好的經濟共生。

「道德經濟真的有用嗎？」

→回答這個問題，可以引用臺灣社會企業「點點善」的創辦人所言：

「不是我們有錢才能做善，而是我們透過每次消費，讓善有活下去的可能。」

真正改變制度的力量，不一定是來自一筆大錢，而是**來自成千上萬筆小而有意識的選擇**。

四、臺灣的道德經濟案例：從邊緣到主流的逆襲故事

案例一：「裸市集」的無包裝革命

2018 年成立的「裸市集 Bare Market」，從一間小型社區店面起步，推廣無塑包裝、可重複裝填的生活用品與糧食。顧客需自帶容器購物，並可現場學習減塑知識。雖一開始被視為小眾怪咖，但隨著環保意識升溫，如今已有三家分店，並與超過 30 家永續品牌合作。

第六章　選擇的力量：消費、投票與庶民的市場主權

案例二：「小村日和」的偏鄉農產轉型

小村日和是一個由返鄉青年組成的合作社，專門協助東部小農建立無毒耕作、友善通路、直送訂閱制。他們讓農民收入翻倍，顧客吃得安心，也創造了農村就業機會與地方品牌文化。這種模式正逐步在各縣市複製擴大。

> **改變世界，不一定要有錢，但一定要有意識**
>
> 　　庶民從不是消費鏈的最上游，但也絕不是最無力的末端。我們不必捨命做英雄，但可以在日常生活裡，用每一筆錢、每一次選擇、每一段推薦，默默推動一個更公平、更乾淨、更可持續的市場。
>
> 　　你今天買了什麼，就決定了明天世界會長成什麼模樣。

第四節　夠用就好：
庶民幸福經濟的哲學與實踐

我們從小被教育要努力工作、拚命賺錢，因為「有錢才有安全感」、「多一點總比少一點好」。但在這個過度消費與過勞現象共存的年代，越來越多人開始反思：**賺更多、買更多、擁有更多，真的會讓生活更好嗎？**

從國富論出發，亞當斯密主張市場應建立在自由與道德基礎上，使個人追求自身利益時，也能促進整體社會的富裕。如今，我們可以進一步思考：**如果庶民的最終目的是幸福，那麼什麼樣的經濟哲學才能真正服務這個目標？**

本節將帶你認識一種「夠用就好」的幸福經濟觀 —— 不是鼓吹苦行，而是幫助庶民重新定義什麼是足夠、什麼是真正的富足，讓你從不停追求的焦慮中解放出來，重拾生活的主動權與滿足感。

一、為什麼我們總覺得「不夠」？
　　資本主義的幸福陷阱

當代心理經濟學與行為經濟學指出，人們的「滿足感」不完全來自擁有多少，而是來自以下幾個心理機制：

1. 社會比較效應（Social Comparison）

你的快樂程度，取決於你「比別人好多少」，而不是你「實際有多少」。這讓我們在擁有不錯生活時，仍感焦慮，因為看到別人更多、更快、更潮。

第六章　選擇的力量：消費、投票與庶民的市場主權

2. 享樂適應（Hedonic Adaptation）

再大的驚喜、再棒的收入、再豪華的房子，一段時間後都會變成「習慣」。我們的大腦會自動調整快樂基準點，迫使我們不斷追求「再多一點」。

3. 市場操控的欲望設計

廣告、社群、演算法早已不是滿足需求，而是製造需求。你以為自己「想要」的東西，很多時候只是市場教你「應該要」的結果。

這些心理現象結合起來，讓現代人即使收入提高、資源豐富，仍然感到不快樂，甚至更焦慮。**這正是資本主義的幸福陷阱：你永遠不夠，你永遠該買更多。**

二、什麼是「夠用」？幸福經濟的三個核心轉念

1. 從「最大化」轉為「最適化」

最大化追求「越多越好」，但會帶來效率遞減與過度焦慮；最適化則是根據你的需求、生活型態與價值選擇「剛剛好」的資源投入。

例如：

- 不是買最多的衣服，而是有 5 套真正喜歡、百搭又耐穿的服裝
- 不是擁有最豪華的筆電，而是能有效支持你工作與創作的設備
- 不是拚命加班賺加薪，而是計算好能維持生活品質的收入組合

2. 從「財富多寡」轉為「時間與自主權」

現代幸福的關鍵資產已不再只是金錢，而是**有多少時間由你自己決定、是否能做出你重視的選擇、生活是否可控**。少加班、多休息、有時間陪家人或做志業，這些才是現代人的富裕指標。

3. 從「擁有」轉為「使用與體驗」

許多東西我們買來只是「以防萬一」或「用一次就閒置」。夠用經濟提倡以借用、共享、租賃、轉售、共用空間等方式，減少擁有的負擔，提升資源使用的效益。

三、庶民的「夠用經濟」五大實踐策略

1. 設立個人幸福預算

不再只是記帳看花了多少錢，而是**預先設定「生活品質」所需的最低與最適花費**。如：

- 每月飲食費不超過 12,000 元，但保留 2,000 元做健康升級（如優質食材、外食減量）
- 每月娛樂預算 3,000 元，其中 1,000 元專屬給閱讀、電影或創作投資
- 設立「非物質回報預算」：給自己買課程、體驗活動、旅行、學習，不一定產生商品，但能產生幸福感

2. 啟動生活極簡練習

這不是一種時尚風格，而是一種**讓自己重新思考「需要什麼」的行動方式**。做法包括：

- 每月斷捨離 10 樣東西（物品、訂閱、社交負擔）
- 限定衣櫥總件數（如 33 件計畫）
- 每年清理一次數位帳戶與 APP，只保留真正使用的服務

3. 將「夠用」視為自由的基礎，而非退而求其次

夠用不是將就，而是選擇。擁有一間小而溫馨、可自由移動的空間，勝過背負 30 年房貸壓力的豪宅；選擇每週工作 4 天、收入少一點，但有時間休息或做副業，這不是犧牲，而是自由。

4. 建立社會連結型資源池

與朋友、社群建立共用機制，分享不常用的資源：

- 書籍交換、工具借用、空間共租、交通共乘
- 社群建立「閒置物資互助表」、「技能交換平臺」
- 不一定要錢換錢，可以是時間、專業、物資對價

當我們一起變得「剛好」，整體社會就不再過度浪費與競爭，而是合作與互惠。

5. 學會定期問自己：我已經夠了嗎？

這句問句，是抵抗焦慮最強的免疫力。每當你又想衝動購物、無止境加班、比較別人時，不妨停下來問：

「我現在，已經足夠了嗎？我想要的，是物品還是某種感覺？這感覺我能用別的方法取得嗎？」

這樣的反思，會讓你回到生活的主動位置，而不是追逐永遠跑不完的目標。

四、案例啟發：臺灣青年的幸福選擇模型

2020 年，三位來自都市金融圈的年輕人辭去高薪職位，到宜蘭成立一間名為「慢半拍」的共創空間。他們每月只花一萬五生活，卻能每天睡飽、陪孩子、接案、種菜、舉辦社群活動。他們發展出：

- **時間換取財務邊界**：工作只到生活需要為止，不過度擴張
- **社群共享資源**：家具共用、食物互助、技能交換
- **在地經濟循環**：與在地小農、藝術家合作，創造共利系統

他們說：「不是我們不要錢，是我們知道『更多』未必等於『更好』。」

> **當你知道「夠了」，你就真的富了**
>
> 在物欲橫流的世界裡，最大的反抗不一定是拒絕消費，而是你知道自己什麼時候已經夠了，並有能力停下腳步。
>
> 夠用經濟不是妥協，而是選擇；不是匱乏，而是自足。當庶民學會掌握自己的欲望邊界、重新定義幸福，就能從焦慮中解放，真正活出「夠而自在」的生活。

第六章　選擇的力量：消費、投票與庶民的市場主權

■ 第五節　從個人選擇到集體行動：庶民的參與式經濟運動

當我們開始以意識型態進行消費，選擇支持在地、永續、公平、透明的品牌與社群時，我們就不再只是市場上的「顧客」，而是正在形塑一種新經濟文化的**公民參與者**。

而這樣的行動，不再只是個人層級的反思與實踐，而是一種**可以被擴大、複製、組織、制度化的集體行動模式**。這正是「參與式經濟運動」（Participatory Economic Movement）的萌芽。

參與式經濟運動的核心概念是：**讓庶民不只是消費者，也成為生產者、設計者與治理者，在經濟活動中擁有話語權與改變力。**

這一節，我們將從國際與臺灣真實案例出發，分析如何從個人消費行為轉化為集體影響力，並提供庶民實作參與式經濟的五個進階路徑。你會發現，改變世界，不一定要從街頭開始，而是可以從**組織你身邊的一小群人、做一件小事**開始。

一、什麼是參與式經濟？從買東西到改變結構

參與式經濟（Participatory Economy）源自於社會學、勞動運動與社會企業的融合概念，強調三個要素：

- ◆ **民主化的生產關係**：工作者有決策權，不是只領薪水
- ◆ **共同參與的價值創造**：消費者與使用者不只是買單，也能參與產品設計與品牌治理

- **利益共享與責任共擔的制度機制**：利潤不再只流向資本家，而是被合理分配給參與者

這種經濟邏輯已逐步在全球擴展，包括合作社、共享平臺、社區支持農業（CSA）、自營者聯盟、地方貨幣系統等，都是具體實踐。

二、庶民如何參與？五種可複製的集體行動模型

1. 公民共同採購運動（Collective Purchasing）

組織一群人固定向同一個在地品牌、小農、社企採購，藉由長期穩定訂單支持其經營，同時獲得良善品質與價格。例如：

- 每月共同購買無毒米、油、茶、清潔用品
- 家長團體共同向社會企業採購文具、教具、童書
- 以職場／公部門為單位推動倫理消費專案

這不只是省錢，而是在**打造市場的另一種結構：信任式長期關係**。

2. 社區支持農業與合作社（Community Supported Agriculture & Coop）

以生產者與消費者建立共生關係為核心：農夫公開種植過程與風險，消費者以預訂與定期支持回應信任。合作社則更進一步，讓消費者變成「股東」，擁有表決與治理權。

臺灣實例如：禾乃川國產豆製所、綠農的家、共好生活合作社。

3. 微型經濟社群（Micro-Economy Communities）

例如：

- 獨立書店聯盟：互推彼此策展主題，合購進書、共享行銷資源

第六章　選擇的力量：消費、投票與庶民的市場主權

- 自媒體共學圈：創作者共享工具、聽眾名單、聯合開課
- 地區工匠網：手作職人互推產品、聯合辦市集、整合物流

這些社群的關鍵不在規模，而在**持續性、互信機制與自我複製能力**。

4. 透明企業運動（Open Accounting & Transparent Business）

庶民可主動選擇支持那些公開成本結構、利潤分配與員工待遇的企業，並以訂閱、推薦、合作等方式擴大影響。

例子如：Udn 買物、簡單生活節設計市集、喜願麵包、茉莉二手書店皆曾嘗試過半公開經營模式，建立消費者與生產者共同監督的信任。

5. 在地貨幣與交換平臺（Local Currency & Barter Systems）

如韓國的「社會共享貨幣」、日本「地域振興券」、臺灣的「綠點制度」、「社區時間銀行」等，都在試圖讓社區內的服務交換與價值流動能脫離單一市場幣制，建立人與人之間的信任型經濟關係。

庶民也可參與：透過貢獻時間、技能、資源進入社群型交換平臺，讓你的價值不再只靠市場價格決定。

三、如何從個人行動走向集體力量？五步擴散法則

- **從自身實驗開始**：先實踐個人消費轉型與夠用經濟策略，累積說服力
- **找到 1～3 位夥伴共學共做**：分享資訊、互相觀察、彼此提醒，形成基本信任團
- **設立共同任務與節奏**：例如每月合購一次、每季辦一次分享會、每年開一場實體聚會
- **建立可複製機制與簡報**：把成功案例寫成簡報、教學、筆記，方便他人接手與傳播

◆ **對接其他微社群形成聯盟**：與其他區域、職類、價值相近的群體合作，形成「社會連結力網路」

四、案例啟發：從一人行動到地區經濟革命

案例一：韓國「幸福中心」運動

由居民發起的社區合作組織，聚焦生活用品、教育服務、食品供應三大領域。每個「幸福中心」由居民共同經營、共同決策，甚至可設立小型診所與日照中心。現已擴展至 300 多個單位，成為韓國社區經濟轉型的代表案例。

案例二：臺中「一群人共學社群」

由幾位設計師與創作者組成，固定每月舉辦「消費覺醒月會」，分享各自實踐道德經濟的心得，並設立共筆平臺、合購制度、推薦商家白名單。兩年內社群人數從 8 人成長到 500 人，連結小農、書店、工作坊超過 50 間，並提出「社區友善消費提案」獲地方政府資助。

你不是孤單的選擇者，而是改變者的節點

當庶民消費者開始意識到自己的選擇會產生影響，當我們開始把購物當成投票、把行動當成種子、把社群當成養分，我們就不再是市場的邊緣人，而是未來經濟型態的設計者。

從個人選擇到集體行動，從日常消費到制度變革，我們可以不靠權力、不靠資本，只靠信任、價值與堅持，一步步打造出一個更公平、更透明、更可持續的庶民經濟系統。

你的一小步，將是我們共同未來的一大步。

第六章　選擇的力量：消費、投票與庶民的市場主權

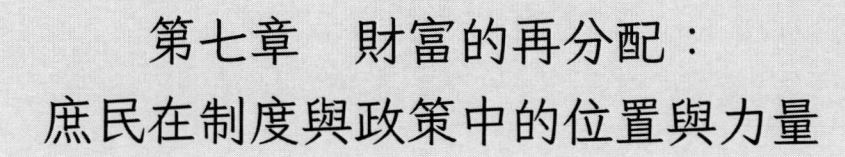

第七章　財富的再分配：
庶民在制度與政策中的位置與力量

第七章　財富的再分配：庶民在制度與政策中的位置與力量

■ 第一節　財富集中與制度偏誤：庶民為什麼總在結尾才分到一點？

「錢不是沒變多，只是不在你那裡。」

這句話或許聽來有些諷刺，卻道出現代資本主義體制下的真相。雖然全球 GDP 不斷成長、科技進步、效率提升，但多數庶民卻感覺生活越來越辛苦，房價高不可攀、薪資停滯不前、基本支出卻年年上漲。這不只是個人理財的問題，而是**一個制度性的財富偏誤問題**。

從《國富論》到今日的全球財富報告，數據不斷揭示：**財富正在快速集中在極少數人手中，而大多數人只能在「分配尾端」撿拾殘餘資源**。這一節，我們將解析財富集中如何運作、制度如何強化不平等，並說明庶民為何經常在制度設計中被排除，以及該如何重新爭取公平位置。

一、財富集中現象的結構解釋

1. 資本的報酬大於勞動報酬

經濟學者湯瑪斯・皮凱提（Thomas Piketty）在其著作《二十一世紀資本論》中指出，當**資本報酬率（r）長期高於經濟成長率（g）**，資本擁有者就會越來越富有，而依賴薪資收入的勞動者則原地踏步。

簡單來說：「錢生錢」比「人賺錢」快很多。

- ◆ 有錢人投資資產、拿利息、收房租、放貸出錢，持續累積
- ◆ 庶民靠勞力、時間換收入，每天從零開始，無法跨越階級

2. 制度偏袒資本與企業利益

在許多國家，稅制、補貼、法規、金融政策等，往往傾向資本家與大企業：

◆ 資本利得稅比薪資所得稅還低
◆ 企業可以避稅、設立海外公司，庶民卻被源頭扣繳
◆ 金融體系優先支援大資產者，普通人連貸款都難
◆ 大企業能透過遊說影響政策，庶民卻難以發聲

這些制度偏誤讓「資本持有者的優勢」被制度放大，而非自然產生。

3. 金融化與資產泡沫擠壓庶民生活

當房地產與股市成為資產階層的遊戲場，房價、地價、租金上升，但薪資並未同步成長，庶民被迫用更長工時、更大壓力，只換得基本居住與生存空間。

舉例來說，臺灣薪資成長低於房價增幅長達二十年，導致「買不起」不再是個人選擇，而是結構性失衡的結果。

二、制度設計中的庶民缺席：為什麼我們總是最晚才知道？

1. 政策決策過程缺乏庶民參與

多數重大政策由少數菁英（政務官、財團代表、專業委員）討論與制定，庶民幾乎無從參與或理解其影響。例如：

◆ 政府與企業協議稅務優惠，卻未對中小企業或一般勞工有相同待遇
◆ 公共資源分配偏向有遊說能力的單位，社福預算反而長期不足

第七章　財富的再分配：庶民在制度與政策中的位置與力量

2. 法規設計語言晦澀、過於技術化

　　法案條文往往充滿專業術語、法律邏輯與財務數據，庶民無法清楚理解，更別說監督與倡議。

　　這導致「制度透明」只是形式，「可參與性」與「可理解性」長期被犧牲。

3. 庶民的時間被壓縮，無力參與公共事務

　　在三班制、加班文化、責任制橫行的情況下，多數庶民根本無暇參與政治辯論、政策諮詢或社會倡議。時間不自由，公共參與就形同虛設。

三、現行制度如何壓縮庶民財富？五個案例說明

案例一：不動產稅制偏誤

- 土地增值稅與房屋稅偏低、稅基未實價登錄，導致有資本者囤房獲利、庶民買房難如登天
- 擁有多屋者享有稅務優勢，反而懲罰只擁有一戶自住的庶民

案例二：資本利得稅的雙重標準

- 股票、基金、房地產獲利常享有低稅或免稅
- 但庶民靠薪水，每月薪資被全數扣繳，稅負反而較重

案例三：社會安全網不足

- 社會保險覆蓋率不均、自營工作者與非典型勞工保險不完善
- 醫療與養老制度雖普及，但長照與心理健康服務嚴重不足

案例四：補助資源分配不均

◆ 企業紓困方案往往優先支援大企業，反而讓小店家與獨立工作室苦撐
◆ 高等教育補助集中在資源豐富學校，基層教育機會不平等

案例五：金融信用評分偏誤

◆ 金融機構評估貸款風險時，重視穩定收入與信用紀錄
◆ 非典型工作者（如接案者、自媒體）難以取得合理貸款與資源

四、庶民該如何重新進入制度舞臺？

1. 支持公共政策監督與倡議組織

支持如沃草、民間司法改革基金會、社區營造協會等單位，讓這些團體成為代庶民發聲、解釋政策、監督資本的橋梁。

2. 用選票支持重視財富再分配的候選人

檢視候選人是否提出「合理稅制改革」、「社會住宅政策」、「基本工資調整」、「工時減量」、「數位普惠金融」等庶民關鍵議題，而非只有財團導向政見。

3. 加入制度倡議行動：連署、請願、社群推廣

◆ 連署調高囤房稅、推動透明補助名單、呼籲制訂平臺工作者保障法案
◆ 透過社群與網路平臺，協助議題被看見、持續推廣

4. 組織「公民預算」參與平臺

在地方政府中爭取「參與式預算制度」，讓居民有機會投票決定地方資源分配，如公園建設、交通規劃、文化活動預算等。

第七章　財富的再分配：庶民在制度與政策中的位置與力量

> **制度不會自動公平，但庶民可以主動進場**
>
> 在現行制度下，庶民之所以總是在分配的尾端，不是因為能力不夠、努力不夠，而是制度結構與政策邏輯長期排除了庶民的參與與視角。但這不表示我們只能忍受與等待。當庶民開始理解制度如何運作、在哪些點可被介入、哪些機制可以被質疑與改寫，我們就不再只是受害者，而是改革的參與者。

第二節　公平稅制的爭議與希望：庶民該如何理解並主張對自己有利的稅收制度？

當你在便利商店買一瓶飲料，會被收5%的營業稅；當你領到薪資時，已先被預扣所得稅；但當中產階層大筆獲利於股市與房市時，他們卻往往繳得少，甚至不繳。這不是冷知識，而是**我們制度裡最真實的財富分配矛盾。**

稅收，是國家實踐再分配正義的最核心工具，也是影響庶民命運的關鍵制度之一。什麼稅該繳？誰多繳、誰少繳？哪些人享有稅務優惠？哪些支出該由全民買單？這些不是財政部官員與會計師才該關心的問題，而是每一位庶民都應該理解並發聲的公共議題。

本節將帶你看懂臺灣稅制的運作邏輯、揭露稅收中隱藏的不公平現象，並提供庶民可以主張、倡議與行動的方向。你不必是專家，也能成為制度改變的推動者。

一、稅的本質是什麼？從國富論到社會契約

亞當斯密在《國富論》中對稅制的設計提出了四個原則，被後世奉為稅收正義的基礎：

- **公平性**：每個人應按其能力（收入、財富）繳納稅金
- **確定性**：稅金應有明確計算方式與繳納期限，避免任意性
- **便利性**：納稅人應可在方便時間與方式下履行義務
- **效率性**：稅收不應影響經濟活動過度，不得造成過多行政成本

第七章　財富的再分配：庶民在制度與政策中的位置與力量

然而，現代社會的稅制已遠比史密斯年代複雜，也因資本移動、跨國公司與數位經濟興起，導致稅收公平性面臨巨大挑戰。

在社會契約觀點中，納稅意味著公民承擔義務，國家則需提供公共服務與保障弱勢。但若稅制不公平、資源錯置，庶民被多收而富人逃稅，那麼契約精神就形同破裂。

二、臺灣稅制的三大問題：為何庶民吃虧？

1. 所得結構稅率不均

- **薪資所得**需以累進稅率課稅，起薪族群即面臨扣繳壓力
- 資本所得（如股利、房產交易）則有諸多減免或單一稅率制度
- 高資產族群可利用信託、資產分配、海外公司避稅，庶民無法使用相同工具

2. 消費型稅偏重影響低收入族群

- 營業稅、菸酒稅、牌照稅等屬於「間接稅」，**不論你收入高低，都繳一樣的稅率**
- 對於低收入戶而言，這些稅負比例遠高於他們的實質可支配所得

3. 地方稅制未反映實際財富結構

- 房屋稅與地價稅仍依公告現值計算，未落實實價課稅
- 囤房族可用法人分戶、家族分持等方式分散稅基
- 相對地，只有一戶自住的庶民反而無法獲得有效減稅

三、國際視角：其他國家怎麼做稅收再分配？

1. 北歐國家：高稅高福祉

　　以瑞典、挪威、丹麥為例，這些國家稅負率高達40%～50%，但政府提供免費教育、健保、育兒津貼與退休保障。其特點是：

- 所得、資本、消費稅均衡發展
- 資本所得稅與薪資所得稅率接近，避免逃稅動機
- 高透明度的稅收資訊與公共服務配套，提升納稅正當性

2. 美國與德國：最低稅基與富人稅爭議

- 美國總統川普減稅法案造成企業減稅、個人減稅，而富人繳稅比例反而下降
- 德國近年重新評估富人稅與遺產稅制度，討論如何讓頂端1%承擔更多社會成本

　　這些例子顯示：**當稅收制度設計偏向資本與企業，庶民的稅負將被迫抬高來彌補差距。**

四、庶民該如何主張「自己的稅收正義」？

1. 推動實價課稅與囤房稅改革

- 支持地方政府推動囤房稅率提高，讓多屋族承擔合理社會成本
- 落實實價登錄與實價課稅，避免炒房與投機空間

第七章　財富的再分配：庶民在制度與政策中的位置與力量

2. 主張資本所得與薪資所得一體課稅

- ◆ 要求高額股利、資本利得納入綜所稅課徵
- ◆ 消除「錢生錢不課重稅、努力工作卻多繳稅」的荒謬現象

3. 提升稅務資訊透明化與全民財政素養

- ◆ 建立簡明稅收資料查詢平臺，讓庶民了解每年政府稅收如何使用
- ◆ 推動國中高中設置「財政素養」課程，讓每個人都能理解納稅與監督的權利

4. 參與稅改倡議行動

- ◆ 支持如「租稅正義聯盟」、「公平稅改行動聯盟」等組織
- ◆ 連署訴求政府公布高資產戶實質納稅率
- ◆ 參與公共預算論壇、議員選區座談，要求地方推動稅制公平政策

五、行動練習：建立庶民的「稅收觀察筆記」

你不需要成為財政官員，也可以開始建立屬於自己的納稅思維：

- ◆ 每年下載自己的所得資料，了解薪資與稅負比例
- ◆ 查詢地方政府預算與支出，看看自己的稅金流向哪裡
- ◆ 對高收入、高資產個體的稅負提出質疑與觀察
- ◆ 關注立法院與地方議會的稅改法案動態
- ◆ 寫下一封稅收建議信，寄給你的地方民代或市長辦公室

這些行為看似微小，但當一萬人、一百萬人都願意這樣做時，制度就會開始動搖。

第二節　公平稅制的爭議與希望：庶民該如何理解並主張對自己有利的稅收制度？

> **庶民的稅收覺醒，是再分配正義的起點**
>
> 　　我們不是反對繳稅，而是要求一個公平、透明、可參與的稅制系統。當稅收不再是壓迫庶民的工具，而是促進共好與支持公共利益的手段，庶民才能真正與制度同桌而坐，不再只是被課稅、被管理、被分配的對象。

第七章　財富的再分配：庶民在制度與政策中的位置與力量

■ 第三節　社會安全網的缺口與修補：庶民如何爭取基本保障？

當一位庶民失去工作、罹患重病、家中出現長照需求，或面臨年老退休時，最需要依靠的不是市場機制，而是**制度性的支持**——也就是所謂的「**社會安全網**」。然而，當制度設計出現斷裂、資源分配不公，這張網往往變成了洞洞滿布、無法承接庶民的保障空間。

社會安全網不該只是災難發生時的「補救工具」，而應是**預防性與修復性兼備的經濟基礎設施**。本節將解析臺灣目前的社會保險與社福制度中，對庶民最關鍵的幾大缺口，包括：退休金制度、勞保財務危機、長照制度不足、非典型勞工保障失靈等問題。並進一步說明庶民如何從個人到集體，參與制度的修補與改革。

一、社會安全網的核心精神：不是救濟，而是應得

社會安全制度的設計初衷並非「施捨」，而是基於兩大正義原則：

- **風險共擔**：每個人都可能在生命週期中遇到疾病、失業、年老、災難，這些風險應由全社會共同分攤
- **基本尊嚴**：不論貧富，每個人都應該有基本的生存保障與生活品質，而非因家庭背景或經濟弱勢被放棄

這是一種社會契約關係的展現，尤其對於沒有資產、資源與人脈的庶民而言，**制度**，是他們最重要的後盾與依靠。

二、庶民常見的五大社會安全缺口

1. 勞保制度面臨破產風險,改革未定

- 根據主計總處與勞動部資料,若不改革,**勞保基金將在 2031 年前後耗盡**
- 過往政府未充分撥補,加上人口老化與保費結構不穩,造成長期虧損
- 庶民繳了數十年勞保,卻面臨「可能領不到」的焦慮

2. 國民年金與低收入年老者的保障不足

- 國民年金每月僅約 3,000 元至 4,000 元,無法應付基本生活
- 多數非典型工作者、家管、農民屬國民年金對象,成為「制度邊緣人」

3. 長照制度仍仰賴家庭與女性勞力

- 雖有長照 2.0,但人力不足、補助門檻過高、服務供需失衡
- 許多庶民必須辭職返家照顧父母,形成「中年照顧貧窮」問題
- 女性擔負過多無酬照顧工作,導致勞動市場退出率偏高

4. 非典型工作者保障失靈

- 送餐員、外送員、自由接案者、平臺工作者難以納保或保障不全
- 無職災保險、無穩定投保薪資、無失業給付資格
- 展現制度「仍停留在工廠時代」的落後設計

5. 社福資源地區不均、資訊落差嚴重

- 偏鄉資源不足、長者交通困難、弱勢戶無法掌握可申請資源
- 政府制度雖多,但對庶民而言「找不到、用不到、搞不懂」

第七章　財富的再分配：庶民在制度與政策中的位置與力量

三、庶民如何因應與參與制度修補？

1. 主動掌握可申請的社福與保險制度

　　許多庶民因資訊落差錯失保障，建議：

- 定期至**衛福部、勞保局、社會局**網站查詢最新補助政策
- 使用「社會福利資源地圖」與「長照服務專線 1966」獲得指引
- 掌握如育兒津貼、低收入補助、租金補貼、急難救助等可申請條件

　　這不是「伸手牌」，而是你應得的權利。

2. 推動非典型勞工納入職災與社保體系

- 呼籲政府建立「平臺工作者納保專法」與雇主責任規範
- 結合公民團體與工會，參與《勞保條例》修法公聽會與政策倡議
- 倡議設定合理最低報酬、保費分擔機制與失業給付設計

3. 要求政府釐清與透明年金改革方向

- 要求政府公布各族群年金改革評估資料，並建立「年金改革公民平臺」
- 捍衛庶民多年繳納權益，避免粗暴式縮減或延後退休年齡方案

4. 支持社會企業與社區照顧機制

- 購買與支持在地長照支持單位（如共餐站、日照中心、喘息服務）
- 加入社區共照組織，分擔照顧責任、建立互助網路
- 推動在地長照人才培訓，創造在地就業與照顧雙贏

5. 倡議數位普惠與「福利科技」落地

- 推動以 LINE、YouTube、簡訊等方式提供福利申請教學
- 支持政府建立跨部會「社福整合入口網站」與「一鍵申請系統」
- 教育長輩與弱勢戶數位操作，減少資訊落差與福利斷線

四、他山之石：他國社會安全的啟示

日本的長照保險制度

- 以全民保險制為基礎，長照由保險金支應，非仰賴家庭個人
- 設有明確照顧級距與服務項目
- 促進長照工作正職化與專業化，提高照護品質與就業穩定

德國的失業保險與再就業支持

- 失業給付可達原收入 60%，並搭配職業訓練、再就業輔導與企業補助
- 對於非典型工作者也設有最低保障，避免陷入斷層

北歐的社會投資概念

- 不以「照顧弱勢」為唯一目標，而是**讓每個人有能力再參與社會與經濟活動**
- 教育、育兒、健康、失能預防被視為「社會投資」，而非「社會支出」

第七章　財富的再分配：庶民在制度與政策中的位置與力量

> **不該讓庶民在生命脆弱時墜入制度黑洞**
>
> 　　社會安全網若失靈，最先落下的永遠是庶民。當你無法工作、失去健康、需要照顧時，若國家與制度選擇轉頭，人生就真的只剩靠自己。但這不是我們應該接受的命運。
>
> 　　庶民需要的不只是生存機會，而是穩定、尊嚴與可以被照顧的確定感。我們可以透過理解制度、行動倡議、集體參與，重織一張真實而堅固的社會安全網。讓這個社會不再是一場「每個人都為自己游泳」的比賽，而是一起抵達岸邊的救生筏。

第四節　公共預算的庶民戰場：你的納稅錢去哪了？你能不能決定？

我們常說：「政府應該好好用錢！」

但我們有沒有想過 —— 這些錢，其實是我們的錢。

從你買早餐的營業稅、領薪水的所得稅，到你繳汽機車牌照稅、房屋稅……每年政府的預算來源中，有超過八成來自人民的納稅。然而，預算如何編列？錢花在哪裡？是否有效率與公平？多數庶民並不了解，也無從參與。

這使得「公共預算」成為庶民參與最少、卻影響最深的制度戰場。

本節將帶你從預算觀念開始，理解國家與地方政府的預算運作機制，揭示預算分配中的結構性偏誤，並說明庶民該如何從旁觀者變成參與者，讓自己的錢不再「繳完就忘」，而是變成改變城市、社區與未來的起點。

一、什麼是公共預算？從收進來到花出去

公共預算是指**政府每年所編列的年度財政計畫**，包含收入與支出兩大部分。

- **收入**：來自各類稅收（所得稅、營業稅、地價稅、關稅等）、國營事業盈餘、罰款、借款等
- **支出**：用於教育、社福、國防、交通、公共建設、政務支出、債務利息等

第七章　財富的再分配：庶民在制度與政策中的位置與力量

　　舉例來說，2024 年度中央政府總預算超過 2 兆元新臺幣，其中近一半投入社會福利與教育，但仍有大量資源被用於軍購、建設重複預算、未監督標案。

　　而庶民繳稅的錢，有多少真正回到庶民的生活中？

二、預算分配中，庶民常被忽略的三個事實

1. 大型工程與軍購占據大量資源

　　雖然建設與國防都有其必要，但其編列預算的優先順序與審查透明度，長期被專業菁英與政商系統把持。

- 例如某些年度交通建設預算達千億元，但偏鄉通學交通、無障礙設施等庶民需求卻經費緊縮
- 軍購動輒上百億，但長照機構、社福中心卻排隊申請補助而不得

2. 弱勢、青年、長者的需求被切割化處理

　　預算設計多以部會為單位，缺乏跨部門整合：

- 長照、健保、社福、教育各自為政，無法針對「一個真實的人」提供整合支持
- 青年政策被散落於教育部、勞動部、文化部，卻沒有整體住宅、就業與心理健康資源連結

　　結果是，**錢有編列，卻不落地；資源存在，卻不夠用。**

3. 預算編列過程庶民難以參與

- 政府每年預算案由行政機關草擬、送交立法院審查，但過程專業化、資料複雜，庶民難以理解
- 預算會議多數公開但缺乏傳播，民意代表審查動向多由政黨決定，**民眾只有選舉權，卻沒有預算參與權**

三、庶民可以怎麼做？五個行動參與方向

1. 學會閱讀預算簡報與財政報告

- 許多縣市政府、中央部會會製作「圖解預算」或「簡明財報」，內容可理解度高
- 建議每年打開你居住地縣市預算總表，觀察社福、教育、交通、文化、青年相關預算是否被縮編或凍結

你不必成為財務專家，但你可以成為「關心錢怎麼花」的公民。

2. 參與「公民參與式預算」計畫

　　臺灣已有臺北市、新北市、臺中市、嘉義市、屏東縣等地推動公民參與式預算（PB）制度，讓民眾提案、投票決定預算用在哪裡。

　　例如：

- 某社區提案設置共融式遊戲場
- 青年社群提議成立共享工作空間
- 長者團體主張擴增失智日照據點

第七章　財富的再分配：庶民在制度與政策中的位置與力量

參與方式多半透過線上平臺或實體說明會，任何人皆可提案、投票、參與審查。

3. 關注立委與議員的預算質詢與提案紀錄

- 可查詢立法院公報、各縣市議會網站，觀察你選區代表在預算審查中的表現
- 若發現偏離庶民利益，可透過陳情、連署、媒體揭露等方式提出質疑

讓代表知道「有人在看」，他們才會「為你發聲」。

4. 支持開源預算與數據民主平臺

如 g0v 零時政府社群，致力於將預算資料轉為圖表化、互動式平臺（例如「政府預算視覺化」、「我的稅金去哪了」），讓庶民看得懂、問得出、追得到。

參與這些社群，不只提供意見，更可以把你的技能變成民主的工具。

5. 結合社群與在地議題，提出「庶民預算案」

舉例：

- 組成「家長共學社群」提案學區改善午餐品質預算
- 「長照陪伴組織」提案改善區域失智友善空間
- 「青年工作者群」建議保留青年就業創業預算不被刪減

這些都能成為影響預算流向的關鍵行動。

四、案例啟發：讓錢花在該花的地方

案例一：臺北市南港社區參與式預算

一群家長提出「打造共融遊戲場」的提案，不僅成功入選、獲得數百萬元預算支持，更與設計師、兒童發展師共同規劃施工，讓社區真正產出一個屬於大家的安全空間。

案例二：屏東青農提案農產加工冷鏈預算

地方青農聯盟主張需要冷藏設施與物流車輛，透過參與式預算平臺集體提案，獲得縣府支持設置共用冷鏈空間，降低農產浪費並提升收益。

> **預算不是遙遠的政策，是你每天呼吸的空氣**
>
> 　　你通勤的捷運、孩子的教科書、巷口的路燈、醫院的健保給付、學校的營養午餐、社區的日照中心……這些通通都來自公共預算。而這些預算，本質上是來自你付出的每一分稅金。
>
> 　　預算編列不該只是政務官的會議資料，而應是庶民的生活地圖。當我們學會理解、參與、質疑與提案，公共預算就不再只是財政部的文件，而是庶民爭取公平、尊嚴與未來的真正戰場。

第五節　庶民財富正義的制度設計藍圖：重構參與式的經濟公平

如果說前幾節讓我們理解了制度如何讓庶民邊緣化、稅制與預算如何影響庶民生活，那麼這一節，則是把這些發現，**轉化為一份未來可以共同建構的行動藍圖。**

庶民不該只是制度改革的「接受者」，而應是**制度再設計的共同參與者**。我們不只要問「現在的制度怎麼那麼不公平」，更要問：「怎樣的制度設計，才能讓庶民真正受益？」

本節將提出庶民財富正義的五大核心原則，搭配具體可行的制度設計模型，並透過跨國經驗與在地實例，讓我們勾勒出一個**由下而上、可行且有希望的制度參與願景。**

一、庶民財富正義的五大制度原則

1. 能力課稅原則（Equity by Capacity）

稅應該依據個人實質能力負擔，而不是依據收入形式與工具多寡。薪資、資本、租金、股利等應納入整體綜合課稅，避免「有錢人繳比較少」的結構重複發生。

2. 社會投資導向（Social Investment Approach）

國家資源不該只用於救助與補貼，更應用於**提升庶民能力的基礎建設**，包括教育、健康、勞動條件改善與社區發展。

3. 普惠與差異並重（Universal + Targeted）

制度設計應兼顧普遍性（如全民健保、基本教育權）與差異性（如對障礙者、原住民、單親家庭的特別支持），讓資源分配兼具公平與效益。

4. 透明與可參與（Transparency and Participation）

所有政策與預算流程應開放資訊，並建立庶民可理解的參與管道，包括簡易化預算資訊、開放資料、社群諮詢、參與式預算等。

5. 從補貼轉向制度性保障（From Relief to Rights）

不再讓庶民每次都得申請、連署、上街才能得到該有的支持，而是透過常設性制度保障庶民基本需求，如最低收入保障、勞保制度重建、照顧制度制度化。

二、具體制度模型：從理念走向實踐

模型一：庶民綜合所得課稅制度

- 整合薪資、股利、資本利得、租金、專利、平臺收入
- 推動自營與非典型勞動者納入課稅與社保體系
- 政府同步提供報稅協助平臺、合法節稅教育、稅額透明化查詢系統

目的：讓富人多繳、庶民減負，縮小稅負不對稱

模型二：全民基本保障帳戶（Universal Benefit Wallet）

- 每位國民設立「個人公共帳戶」，政府撥入各項補助、點數、稅額返還與社會福利金
- 結合數位身分、行動支付，讓福利不再「需要知道才去申請」而是「自動到位」

第七章　財富的再分配：庶民在制度與政策中的位置與力量

- 與地方社福中心串接，一站式提供醫療、育兒、失能、教育等資源兌換

  目的：減少資訊落差，讓庶民「有資格，就能拿到」

模型三：公民參與預算與平臺治理制度

- 每年中央與地方預留總預算 2% 為「公民提案型專案基金」
- 由居民、社群、組織提出基層需求與解決提案，公開票選、審查與執行
- 結合數位工具進行資訊傳遞與意見徵集，落實真正的「庶民優先」

  目的：讓庶民從繳稅者成為資源分配的參與者

模型四：照顧型經濟體制建構

- 制度性支持長照、育兒、精神健康、家庭照顧者，提供津貼、喘息服務與職業重返協助
- 鼓勵社區型共照機制，讓家庭不再獨自承擔照顧責任
- 照顧者享有勞保年資補貼與工作彈性政策

  目的：讓「照顧不再是家庭個人問題」，而是國家的公共任務

模型五：平臺勞動保障條例

- 設立「平臺雇主責任準則」，要求 Uber、foodpanda 等平臺對工作者投保、揭示費率與評價機制
- 政府建立平臺工作者協會或工會登記門戶，提供集體協商與法令保障基礎

- 平臺收入納入個人所得報稅系統，實現納保與繳稅一體化

目的：讓新型工作者不再是制度幽靈，而成為完整納保納稅的社會成員

三、制度再設計的行動流程圖

我們可以將制度創新的行動邏輯簡化為五個步驟：

- **辨識不公平現象**（如非典型工作者無保無薪）
- **釐清背後制度邏輯**（例如現行勞保制度排除臨時雇員）
- **提出具體改造方案**（如納入平臺責任、稅務整合）
- **建立民間倡議與共識平臺**（串聯 NGO、社群、民意代表）
- **推進制度落地與持續監督**（提案法案、建立平臺、社會監督）

庶民不是只能靠選票等待改革，而是能透過**參與－設計－推動－監督**的行動迴路成為制度創新的核心力量。

四、啟發案例：韓國「社會創新法案實驗室」

韓國自 2018 年起由政府與公民組織共建「法案設計工作坊」，邀請勞工、移工、女性照顧者、小農等基層群體進入制度設計過程。他們參與草擬法案、模擬預算、政策回饋，短短四年間超過十項制度改革成功落地，包括非典型勞工納保、女性返工支持、學貸緩繳制度等。

這證明：**當庶民得以參與制度設計，他們不只可以反對，也能創造。**

第七章　財富的再分配：庶民在制度與政策中的位置與力量

> **制度不是石頭，而是可以雕塑的共同作品**
>
> 　　財富不只屬於生產者，更應屬於所有參與社會的人。公平不是偶然，而是透過制度設計、價值選擇與集體行動刻意建構的結果。
>
> 　　庶民不該只是在體制中忍耐的人，也不該只靠選舉做微弱發聲。我們應該是這套制度的合夥人、提案者與守護者。
>
> 　　未來的庶民國富，不在於多數人是否發財，而在於每個人是否都能活得有尊嚴、有保障、有選擇、有希望。

第八章
全球化風險下的庶民生存策略

第八章　全球化風險下的庶民生存策略

第一節　當全球化成為風險：庶民為何總是第一個受傷？

全球化曾是許多國家的經濟成長引擎，也曾被描繪成庶民翻身的階梯——貿易擴大、市場互通、製造外移、跨境電商……這一切看似創造了無限可能，讓地球村的夢想看起來觸手可及。

但進入 21 世紀第二個十年，全球化的裂痕逐漸浮現——**從美中貿易戰、供應鏈斷裂、能源危機、地緣政治緊張、疫後通膨，到俄烏戰爭與紅海危機的國際運輸中斷**——我們開始明白，當全球化出問題，最先感受到衝擊的，不是資本家，而是**手無資本、腳踩土地、生活靠穩定薪資與基本價格的庶民階層**。

這一節將帶你理解全球化從「機會」轉變為「風險」的歷史脈絡，解析庶民為何總是最先、最深、最無力地承受其代價，並為接下來的庶民生存策略奠定視野與基礎。

一、全球化的雙面刃：從機會到風險的轉變

1. 初始的承諾：效率與成長的夢

1970 年代後期，跨國企業逐步將製造外包至亞洲、拉美、東歐等低薪地區，以降低生產成本並提升競爭力。這段期間：

- 發展中國家獲得就業與出口成長機會
- 已開發國家享有便宜商品與通膨抑制
- 全球供應鏈變得更加密切與互賴

對庶民而言，這一波全球化確實帶來了**物價降低、科技普及與短期就業機會**。

2. 漸變的陰影：空洞化與弱勢化

然而從 2000 年以降，全球化逐漸變調：

◆ **產業外移**導致本地製造業式微，中產階級勞工工作消失
◆ **全球勞動市場競爭**拉低薪資水準，尤其對技術門檻低的職位衝擊最大
◆ **金融全球化與資本自由流動**加劇資產不均，使富人避稅、庶民納稅
◆ **社會安全制度趕不上風險速度**，使庶民無從保障自己在快速變動中的處境

到 2020 年代初，疫情爆發、供應鏈中斷、物流價格飆升、原物料短缺、地緣政治危機頻傳，讓全球化從「效率解方」正式變成「風險來源」。

二、全球風險如何傳導到庶民生活？四個現實劇本

劇本一：供應鏈中斷→物價上漲→生活成本攀升

紅海危機、疫後封城、港口壅塞⋯⋯只要國際物流出問題，**第一個反應就是民生商品價格上升**，而漲價速度遠快於薪資調整。

庶民要多花錢買一樣的東西，等同變相減薪。

劇本二：企業外移或自動化→就業流失→非典型化擴大

當本地企業無法與低工資地區或自動化競爭，選擇裁員、縮編或轉向派遣制。庶民變成外包、接案、兼職者，**薪資不穩、保障不足、風險自負**。

第八章　全球化風險下的庶民生存策略

劇本三：能源與原物料價格波動→庶民負擔極化

石油、天然氣、小麥、鋼鐵……這些商品在全球市場交易，價格易受戰爭、氣候、政治影響。能源價格一上升，**交通費、電費、食品成本全部連動上升**，但政府補貼與社會制度反應卻常常滯後。

劇本四：資本自由移動→房價飆升→庶民難以立足

國際資金湧入不動產與金融資產市場，導致**房價、股市飆漲**，而庶民無法參與資本增值，只能面對租金飆升與購屋困難。

三、為何庶民總是「最先受傷」？

1. 缺乏避險工具

富人可分散資產、轉移投資區域、使用金融工具避險；庶民則多半收入集中在單一工作、無法應對突發衝擊。

2. 時間與資訊限制

庶民往往需要長工時維持生計，缺乏了解國際局勢與預測未來趨勢的資訊來源與時間，也就無從布局與調整策略。

3. 制度設計排除風險緩衝

多數庶民勞工仍被排除在彈性工時補償、職業訓練補助、創業風險擔保與經濟轉型補貼制度之外，當大變動來臨，**只能靠自己撐**。

4. 市場導向治理模型

全球化過程中，政策往往傾向優先保障資本自由與企業彈性，而不是勞工權益與地方穩定。庶民只是「被動調適者」，沒有「制度議價權」。

四、疫情與戰爭如何重塑庶民現實？

疫情期間：庶民被迫數位轉型，卻無人協助

2020 年起，大量庶民勞工（如導遊、攤販、現場技師、長照照護者）一夕間失業或收入腰斬，但數位轉型補助、創業課程、貸款機制**資訊不透明、流程繁瑣、門檻過高**，使得受災最重的人反而最難獲得幫助。

烏俄戰爭與能源通膨：小吃店倒，家庭生活成本爆增

2022 年以來，天然氣、柴油、電價上升，全球原物料價格動盪，臺灣無數庶民行業（餐飲、小吃、農業、運輸）被迫漲價、縮編、歇業。庶民無法轉嫁成本，只能忍耐與退場。

五、庶民能如何自我強化與互助？

在這樣的世界中，庶民絕不能只當被動觀察者。我們需要：

- ◆ **強化韌性**：發展多元收入、建立儲備資源、學習應變能力
- ◆ **建立互助**：組織社區經濟、工會聯盟、共購平臺、知識分享社群
- ◆ **爭取制度改變**：提出庶民風險補償政策、反炒房制度、平臺勞工保障法案
- ◆ **培養全球素養**：讓庶民理解世界如何運作，讓每一次波動不再突如其來

這些將會是我們接下來章節中要探討的「庶民面對全球風險的生存策略與集體回應」。

第八章　全球化風險下的庶民生存策略

> **全球化未死,但庶民不能再失聲**
>
> 　　全球化不是壞事,風險也不是不可控。問題在於:誰擁有決定全球遊戲規則的話語權?誰在每一次危機中被棄守?
> 　　庶民不能再只被視為勞動力、納稅者、消費者,而應成為國際秩序、經濟模式與政策決策的意識主體與制度參與者。

第二節　庶民韌性地圖：
如何為不確定的世界建立個人生存系統

在面對瞬息萬變的全球局勢與本地生活的不穩定現實時，庶民常常只能「被影響」。但真正的生存之道，不是等著世界變好，而是**先為自己打造一套抗震結構與應變機制**，就像房子需要防震設計，人生也需要「韌性配置」。

「韌性」（resilience）這個詞原本源自生態與心理學，意指系統或個體在遭遇壓力、災難或改變時，能夠承受衝擊、維持運作、甚至進化提升的能力。

對庶民而言，韌性並不是「永遠不被打倒」，而是**跌倒後能撐得住、站得起來、轉得過去**。

本節將從五個面向：經濟韌性、技能韌性、社群韌性、心理韌性與制度連結韌性，建立一套庶民可實踐、可成長、可互助的個人生存系統。這不是避難手冊，而是生活升級圖譜。

一、經濟韌性：讓收入結構與支出模型抗震

1. 多元收入配置

不要只靠單一收入來源。即便是正職工作者，也應打造「副資源系統」：

- 接案、創作、斜槓、網拍、教學、顧問
- 數位產品（如課程、電子書）、平臺分潤（YouTube、Podcast）
- 興趣變現（手作、繪畫、花藝、攝影、烘焙）

即使每月收入不多，也能形成安全感的底層結構。

2. 建立 6～12 個月生活備用金

設定一個原則：即使沒有收入，也能維持現有生活 6 個月。這筆錢不是投資，而是**風險緩衝池**。

放在低風險、高流動性資產中（如定存、貨幣型基金、高利數位帳戶），而非股市或房產。

3. 優化支出模型：從消費者轉為使用者

- 減少一次性消費與品牌導向支出
- 增加可持續、可替代的生活選項（租借、共用、二手、極簡）
- 使用現金流儀表板追蹤支出比率（如 50%固定費、30%靈活費、20%儲蓄／投資）

經濟韌性不是「變有錢」，而是「變得有選擇」。

二、技能韌性：建立可轉移、可升級的職業基礎

1. 建立「職能矩陣表」

把你的技能分為三類：

- 核心技能（例：語言、寫作、設計、程式、行銷）
- 支援技能（例：簡報、分析、會議主持、數據工具）
- 軟性能力（例：溝通、情緒管理、快速學習、問題解決）

用矩陣對照未來可能轉職的路徑（教育、創業、接案、移動）

2. 每年升級一項可市場化的新技能

　　例如：

◆ 網頁設計、影片剪輯、AI 工具應用、數位行銷、資料視覺化
◆ 擴展專業語系能力（中英雙語／中日雙語）、簡報架構力
◆ 建立作品集與可量化成果（內容、專案、數據）

3. 建立可接案的「數位身分」與名片系統

　　不論你目前是正職或待業，應建立：

◆ 個人網站或社群作品牆
◆ 專業 LinkedIn 頁面或自媒體簡介
◆ 便於合作的聯繫機制（如 Notion 履歷、CV 模板、專案報價表）

　　這些讓你在變動來臨時，立刻有選擇，不需從零開始。

三、社群韌性：用連結打造生活的後盾與備援

1. 社群不是朋友數，是合作網路

　　與你生命中真正「會拉你一把」的人建立穩定連結：

◆ 同行互助圈（例如創業者社群、設計師群組）
◆ 地域共學團體（讀書會、共購社群、育兒互助）
◆ 緊急備援清單（五位可以打電話求助的人）

2. 建立「信任交換模型」

你的專業或時間可以交換對方的資源（資訊、人脈、技能），**信任才是真正的庶民貨幣**。

例如：

- ◆ 你幫朋友做簡報，他協助你履歷優化
- ◆ 你在社群中教 AI 工具，對方協助你開線上課程
- ◆ 你提供攝影，他提供法律諮詢

3. 參與「地方化生存系統」建構

地方市集、共耕農場、合作空間、青年組織、社區大學……這些是庶民在地韌性的「組織骨架」。

庶民不是要靠政府重建社區，而是**透過彼此實踐與共創，自己把生活撐起來**。

四、心理韌性：面對不確定的時代，不先被情緒打敗

1. 建立個人「情緒處理流程」

- ◆ 壓力大時→書寫情緒日記
- ◆ 恐慌時→暫停社群輸入、回到可控範圍
- ◆ 遇挫時→找信任對象對話，設定三日行動小目標

不要對自己硬撐，而是**設計一套自己可以啟動的「復原系統」**。

2. 練習「選擇感重建」

庶民常被生活控制，但你仍可以選擇：

- 控制今天的作息、飲食、運動
- 決定這個月的支出分配
- 決定要和誰對話、離開哪個消耗性關係
- 決定不刷社群、回到紙本或安靜空間

選擇感,是對抗無力感最關鍵的心理錨點。

五、制度連結韌性:不靠天吃飯,靠設計制度自保

1. 熟悉你能使用的社會資源地圖

- 地方政府社會處補助/貸款/急難救助
- 勞動部創業輔導、職訓中心課程
- 農會/商會/青年發展署創業育成單位

把這些寫下來、整理好,**在不需要時就準備好**。

2. 自建微型制度與合作協議

例如:

- 三人共租空間簽協議書,規範共同支出與責任
- 合作案明確訂立酬勞、產出與交付時程
- 共購、合辦課程、共用工具皆建立制度規範

庶民能強化彼此的信任與效率,不靠法律,但靠契約精神。

第八章　全球化風險下的庶民生存策略

> **韌性，不是等有錢才有的選項，而是從今天就能開始建的系統**
>
> 　　韌性不是天賦，而是一種可以學習的能力，也是一套可以設計的系統。你不需要先成為富人才能有韌性，你只需要開始建立屬於自己的抗震生活結構。
> 　　這是一場從個人出發、橫跨社群、結合制度的庶民抗風暴工程。而這正是我們面對未來最大的不確定性時，最可靠的保障。

第三節　地表型經濟：從全球依賴轉為庶民自足

當你每天依賴外送平臺吃飯、進口電商購物、跨國品牌穿衣、國際物流配送生活用品時，你可能沒有意識到：**自己生活的每個角落，早已深度嵌入全球供應鏈**。這沒錯，但問題是 —— 當這條鏈斷裂了，你準備好了嗎？

過去我們把經濟發展視為「全球化程度越高越好」，但現今的現實卻讓人重新思考：**過度全球依賴，反而讓庶民在危機中最無助、最脆弱、最沒有選擇權。**

因此，本節提出一個新概念：「**地表型經濟**」（Surface Economy）——指的是以地面、社區、在地為主體的庶民型經濟系統，**不倚賴遠端資源、不依賴不可控市場**，而是可接觸、可理解、可互助的生活經濟網路。

這不是回到原始社會，也不是反對科技，而是為了在高風險世界中，為庶民建立一套穩定、簡單、近距離、低依賴的生活選擇。

一、為什麼我們需要「地表型經濟」？

1. 全球供應鏈不是庶民能控制的系統

- 當紅海航線封鎖、俄烏戰爭爆發、疫情封港，**你無法預測自己下週的物價與工作條件**
- 而大企業可以轉單、轉投資、買保險、賺價差，庶民卻只能「撐下去」

2. 極端依賴跨境系統會削弱地方生活能力

- 進口糧食比例過高→本地農業式微
- 全球品牌主導市場→在地小店難存
- 外送平臺壟斷→生活節奏與收支失衡

庶民的生活不再是自己規劃的，而是被平臺與資本設定的劇本。

3. 建構在地經濟網路，可提升「庶民自治力」

- 一杯在地咖啡店的手沖，比國際連鎖的冷萃更能養活一個家庭
- 一次社區市集的購買，比網購平臺的按鈕更能鞏固地方產業
- 一次地方共學的聚會，比社群演算法的推薦更能創造真實連結

這些選擇，讓我們的錢不再流向遠方，而是**回到自己可參與、可影響**的經濟圈裡。

二、「地表型經濟」的五大核心結構

1. 在地生產再啟動

重拾地方資源與技能，打造可自給部分生活所需的微型系統：

- 社區農園、小農合作社、友善土地契作
- 在地加工（豆腐、麵包、布品、木工）取代進口商品
- 社區循環經濟（堆肥、回收、再生、交換）

目標不是百分百自給，而是提升 **40%生活需求可本地解決的比例**。

2. 生活技能再教育

建立庶民生活基本盤能力：

- ◆ 簡單烹飪、保養、修繕、園藝、縫紉
- ◆ 數位操作、報稅理財、文件書寫、行政處理
- ◆ 醫療常識、基本急救、身心管理

這些都是降低外部依賴、增加生活自足的基礎模組。

3. 實體社群再連結

以生活場域為核心建立日常互助與經濟交換的關係：

- ◆ 共食、共耕、共乘、共育、共用空間
- ◆ 共學小組、交換市集、信用帳本系統
- ◆ 地方時間銀行、技能交換平臺、互助網路 App

地表型經濟不是孤島式自救，而是**微型網路的共同存活**。

4. 在地幣與共購制度建構

導入社區型貨幣與定期合購制度，降低對外部平臺與資本的依賴：

- ◆ 每月共購食材、生活用品、保健品、日常備品
- ◆ 使用「社區點數」記帳與交換，如「青銀點」、「綠幣」、「好鄰幣」
- ◆ 建立共購合作社，擁有物流與選品決策權

這不只是省錢，而是**讓交易邏輯回歸生活者本身**。

5. 地表型創業與微經濟支持平臺

鼓勵在地創業、微型生產與社區品牌形成：

- 市集型創業：每週擺攤、農創、手作、設計產品
- 教學型創業：才藝、語言、技術、心靈課程對社區開放
- 接案型工作：社群行銷、空間美化、家務支援、寵物照護

並由社區內部建立：共辦場地、創業顧問、資金循環基金、技能轉介平臺。

三、庶民如何起步實踐？五個生活轉向起點

- 每月用 1/3 消費預算在在地店家／品牌／農產
- 加入一個可實體接觸的生活社群（如共耕團、讀書會）
- 培養一項能交換的生活技能（如料理、簡報、設計）
- 認識 5 位社區內可互助的人，建立庶民安全圈
- 每季參與一次在地市集、工作坊或共學活動

這些行動雖小，卻能逐漸讓你生活的根「扎」在可見、可觸、可信任的土壤上。

四、真實案例：地表型經濟正在發生的臺灣行動

案例一：「食農教育共購社群」

某社區由一群年輕父母與小農合作，建立「每週食材共購群」，訂購蔬果、米油、家用品，再透過小農提供食農課程、孩子共同參與農事。三

年內擴展至六個共購點，超過 300 人參與，不僅支撐在地小農，也建立了社區生活網路。

案例二：「老屋經濟循環基地」

青年組織承租老屋，打造共學空間、手作教室、日常修繕中心與二手交換角。每月辦理小市集與講座，鼓勵在地創作者與技能者以低資本創業。五年內支持 30 多個小品牌誕生，形成社區內的微型經濟圈。

> **讓經濟重新回到地表，而不是漂浮於雲端**
>
> 庶民需要的不是空談全球策略，而是實際可落地的生活選擇與系統設計。「地表型經濟」並不是要抗拒科技或拒絕國際，而是要讓經濟與生活重新連結，讓生產與消費回到人與人之間的真實關係，讓每一筆交易都能讓自己與社區更有力量。

第四節　自營、自養、自助：
庶民建立經濟主體性的最後防線

當國際市場動盪、企業裁員、通膨飆升、公共資源不足，我們會發現──過去所依賴的制度與企業，越來越無法提供足夠的安全感。此時，庶民最終的倚靠，不再是誰會來幫我們，而是：**我們自己能不能撐得住？**

自營、自養、自助，是庶民面對高風險社會的最後防線。它不是「退縮」或「自我放棄」，而是一種有意識的主體性重建。**當你越能掌握自己的時間、收入、生產與支出節奏，你就越不會被外部風暴擊潰。**

本節將整合過去幾章所學，聚焦在個人與家庭層次上，提出一套庶民可落地的經濟主體性實踐策略，從「自己就是一間公司」的思維出發，讓庶民從弱勢消費者，變成有選擇、有產出、有合作的經濟參與者。

一、什麼是「庶民經濟主體性」？

簡單來說，就是：

- **我可以自己決定怎麼賺錢**（不靠單一雇主）
- **我可以自己生產部分生活所需**（降低依賴）
- **我可以自己組織生活節奏與資源網路**（時間與情緒自主）
- **我可以自己支援自己或他人度過風險**（互助與再生產能力）

這不是烏托邦，而是面對高風險時代最實際、最務實的底層能力結構。

二、自營：打造自己的庶民型工作系統

1. 將你的技能、經驗與興趣轉為可交換價值

盤點你的：

◆ 技能（設計、翻譯、教學、手作、程式、廚藝、社群經營）
◆ 經驗（帶領活動、行政管理、銷售、講課、寫作）
◆ 興趣（園藝、塔羅、命理、烘焙、寵物照顧）

整合成一張「可交易的服務清單」，你就有基本營運的雛形。

2. 建立微品牌與基礎營運工具

不必等到萬事俱備：

◆ 取一個清楚的名稱
◆ 製作社群封面與簡報（Canva 可製）
◆ 建立報價單與收款管道（LINE、表單、簡易網站）
◆ 開始與熟人圈、社群圈試水溫

你不是接案者，而是經營自己的品牌與信任系統。

3. 採用「MVP 商業法」先做再調整

◆ 最小可行產品（Minimum Viable Product）
◆ 試辦 1 次課程／設計 1 份簡報／做 10 個樣品
◆ 透過回饋不斷修正與強化

不要空想一個大事業，而是**從一次實做與一個顧客開始**。

三、自養：從生存消費者轉為生活生產者

1. 建立自己的「生活生產清單」

哪些東西你可以自己做？

- 簡單家常菜→降低外食比例
- 自製清潔劑／化妝品→減少日用品支出
- 小修補、裁縫、二手再製→延長物品生命週期
- 家中小菜園、陽臺盆栽、香草種植→建立食物感與自給系統

這些看似小事，每一項都是減少依賴與增加信心的單位行為。

2. 家庭資源優化：共享、整合、活化

- 與親人共用工具設備、汽機車、空間
- 把家中閒置空間轉為工作室／短租場地
- 家人之間交換技能、時間與照顧任務

你不是只有錢可以用，你擁有的資源**包括信任、空間、時間與知識**。

3. 建立「家庭合作經濟計畫」

- 讓家中每個人都有角色：誰擅長購物比價、誰負責料理、誰處理繳費
- 每月開一次家庭資源會議
- 評估未來風險（工作不穩、健康支出、學費壓力）並提前規劃

家庭，不只是愛的單位，更是**最小的經濟合作體**。

四、自助：建立面對風險的庶民應變網路

1. 組成庶民互助會

與 3～5 人建立定期聚會、資源互補、情緒支持的微型共學群：

◆ 每月一起討論一件庶民經濟議題
◆ 分享彼此工作轉型、資源情報、行銷技巧
◆ 緊急時可互借空間、借款、支援托育或醫療陪伴

這種互助結構，是庶民版的「風險保險」。

2. 為自己設計「經濟緊急應變腳本」

◆ 若失業 3 個月，我會怎麼維生？
◆ 若家人突發重大醫療事件，我能啟動哪些資源？
◆ 若社會封鎖、物資短缺，我有哪些備用供應與替代方案？

提前模擬風險，是讓自己有選擇權的關鍵。

3. 建立「庶民應變工具箱」

◆ 緊急備用金、二手手機、可攜式烹調工具、資料備份
◆ 線上收入工具（如數位帳戶、報稅證明、履歷）
◆ 社區互助名單、急救藥物與聯絡卡片

這些不一定會用上，但**當你有準備時，恐慌就會減半**。

第八章　全球化風險下的庶民生存策略

> **當我們開始為自己而活，才是真正的經濟自由**
>
> 　　庶民不是沒有能力，而是長期被教導只能「工作、消費、等待被幫助」。但在這個系統越來越不穩定的時代，真正的出路，來自我們是否有勇氣與智慧，重新掌握自己的生活節奏、收入模式、生產系統與互助關係。

第五節　危機就是轉機：
庶民如何在轉型浪潮中成為新經濟的主角

我們生活在一個危機層出不窮的年代 —— 疫情、戰爭、通膨、AI 取代、供應鏈中斷……

對多數人而言，這些代表著失業、壓力、收入不穩、生活成本暴增。

但如果你換一種角度思考，這也代表著一個問題還沒有被解決，一種需求還沒有被滿足，一塊新的經濟空間尚未被填補。

對資本家而言，這叫做「市場機會」；

對庶民而言，這應該叫做「生存轉機」。

本節將帶你看見庶民在全球轉型浪潮中，如何從被取代的邊緣角色，轉身成為不可忽視的新經濟主角 —— 不再只是低薪工作者、被動消費者、稅務負擔者，而是**問題解決者、價值提供者與生活創新者**。

一、庶民優勢正在重新被定義

1. 真實生活者的第一線洞察力

庶民最貼近問題現場，最清楚什麼服務缺乏、哪裡做得不好、誰沒有被照顧 —— 這些資訊對大公司來說是市場調查，對庶民來說則是創業起點。

例如：

◆ 你知道社區長輩需要更貼心的送餐服務

第八章　全球化風險下的庶民生存策略

- 你發現育兒家庭其實更需要「兩小時陪玩」而不是補習班
- 你自己想要的理財課、工作坊、生活空間，其實很多人也需要

越貼近真實生活，越能成為創造價值的起點。

2. 小規模、低資本的靈活性

大型企業需要投資報酬率、規模經濟與成本控制，但庶民型經濟可以：

- 以人際信任為基礎拓展客群
- 採用預購制、共購制、訂閱制等社群導向模式
- 靠熟客關係、在地網路、社群影響力建立商機

這種模式雖小，但**抗風險能力更強，反應速度更快**。

3. 不需「擊敗大公司」，只需「服務被忽略者」

你不需要成為第二個 Amazon，你只要能夠服務那群 Amazon 沒空理會的人。

- 大型健身房無法提供銀髮族量身課程→你可以做
- 連鎖超市無法顧到獨居者食材分量→你可以做
- 巨型平臺不在意偏鄉語言需求→你可以做

庶民的市場不在主流中心，而在被邊緣化的生活縫隙裡。

第五節　危機就是轉機：庶民如何在轉型浪潮中成為新經濟的主角

二、五種庶民型轉型角色：找到你的位置

1. 生活解法設計師（Problem-Solver）

擅長觀察問題、整合資源、提供具體可行方案。適合：

- 工作坊設計師、講師、流程顧問
- 社區計畫主持人、空間改造顧問
- 各類「幫你搞定這件事」的生活助理型服務者

你不賣產品，你賣的是解決與省心。

2. 在地價值再創造者（Place-Maker）

擁有對土地、社區、人文的感知與敘事能力。適合：

- 在地品牌經營者、小型民宿經營者、手工職人
- 地方導覽、巷弄工作坊、社區故事採集
- 老屋翻修、文化再利用、地方創生實踐者

你不只是賣東西，而是賣情感連結與地方認同。

3. 需求精準媒合者（Connector）

擅長資源整合、人脈連結與供需對接。適合：

- 小型招聘顧問、自媒體人才轉介者
- 社群經營者、內容策展人、接案平臺創建者
- 技能交換／時間銀行組織者

你是橋梁，你不生產，但你創造關係價值。

4. 微型知識轉譯者（Educator）

將你知道的、會做的、學過的東西，轉為簡單可學的模式傳授他人。適合：

- 線上課程講師、直播教學者、出版電子書者
- 為特定族群設計教案（如兒童、長者、職涯轉型者）
- 社區型教學空間主理人、父母共學主持人

你的經驗不是「過去」，而是別人需要的未來。

5. 共享型創業實踐者（Sharer）

將資源、空間、技能、工具、時間分享給他人賺取收益。適合：

- 場地出租、車輛共享、工具圖書館創建
- 租衣服、借器材、技能配對平臺經營
- 設計「用完即還」、「共享式供應鏈」商業模式

你不生產產品，你提供使用權與社群秩序。

三、庶民新經濟的六大策略原則

- 從需求出發，不從產品幻想開始
- 從生活經驗轉化，不從市場分析複製
- 從小圈信任拓展，不從砸錢行銷起步
- 從多角試驗調整，不從一次成名期待
- 從回收週期設計，不從價格戰進入
- 從合作社群思維，不從競爭焦慮出發

第五節　危機就是轉機：庶民如何在轉型浪潮中成為新經濟的主角

庶民經濟不是要和資本拼資源，而是要用**關係、信任、速度與真實性**勝出。

四、真實案例：庶民轉型者的逆襲故事

案例一：從失業設計師到共學品牌主持人

小米原本在設計公司上班，疫情後被資遣，開始與朋友在家辦「設計給媽媽的自學課」。後來轉型為線上共學社群「媽媽設計學」，提供簡報、Canva、剪映等工具教學，並開設實體課程。兩年內擁有固定訂閱 200 人，年收突破百萬。

案例二：從街坊打雜工到「時間修補師」

阿志是社區裡誰壞東西都會找的「萬事通」，原本只靠偶爾兼職度日。某次開始記錄每次幫人修理電器、椅子、燈具的過程，在社區成立「修理俱樂部」，定期開工作坊，後來串聯五個老技師，一起成立「修一手協會」，透過社區互助點數收費，成為在地長照與獨居者生活支援的核心夥伴。

> **你不是庶民經濟的觀眾，而是主角**
>
> 在主流經濟焦慮、制度斷裂、產業轉型的今天，庶民不再只能等機會、等補助、等奇蹟。你可以是機會的創造者、制度的參與者、生活的設計者。

第八章　全球化風險下的庶民生存策略

第九章
庶民與科技的共生之道

第九章　庶民與科技的共生之道

第一節　庶民與科技：從數位邊緣人到智慧參與者

　　科技曾經是少數人的專利，是矽谷的語言，是跨國企業的工具，是菁英工程師與投資人之間的密語。但如今，人工智慧、區塊鏈、遠距工作、自媒體、自動化、低代碼開發等技術，已經成為所有人都難以忽視的生活現實。

　　問題是：**庶民在哪裡？**

　　你可能已經下載了無數 App，卻不知道哪一個真的對生活有用；

　　你可能每天滑手機、用網銀、訂外送，但卻無法靠科技改善收入；

　　你可能聽說 AI 能改變世界，卻不知道從哪裡開始接觸、學習、應用。

　　這一節，我們要翻轉一個根深蒂固的觀念：**科技不是離庶民很遠的事情，科技本該服務庶民。**

　　從今天起，你不再只是「被動使用者」，而可以成為「智慧參與者」。我們會從觀念、工具、案例三方面，帶你看懂庶民如何與科技共生，而不是被科技淘汰。

一、為什麼庶民總是科技世界的「遲到者」？

1. 教育落差與語言隔閡

- 多數科技學習資源偏向英語、專業術語與高門檻門類
- 工具教學多以程式語言、抽象邏輯為基礎，缺乏生活應用導向
- 庶民在正規教育中少有接觸「數位素養」課程，長期自我否定：「這我學不起來」

2. 財務壓力與時間匱乏

- ◆ 工時長、薪資低、家庭責任重,無法投入大量時間自學
- ◆ 有些科技設備、課程價格高昂,不適合經濟壓力者嘗試
- ◆ 加上「失敗成本高」的恐懼,使得庶民習慣觀望而非行動

3. 被動使用習慣:從「消費者」到「成癮者」

- ◆ 大多數庶民使用科技工具以娛樂與消磨為主(短影音、遊戲、社交)
- ◆ 缺乏「工具觀」與「價值回收觀」,導致時間被吃掉,卻沒有產出
- ◆ 最終形成「科技使用者看似很多,實際創造者極少」的現象

二、觀念重設:
　　你不需要變程式高手,也可以是科技的創造者

1. 將「科技」理解為三件事:

- ◆ 工具:幫你省時間、省力、降低錯誤(例:Notion、ChatGPT、LINE 自動回覆)
- ◆ 平臺:讓你連結、曝光、販售、合作(例:YouTube、方格子、蝦皮)
- ◆ 能力:讓你在任何產業中保持競爭力(例:資料處理、視覺設計、自動化操作)

　　你不需要會寫程式,只要知道哪一個工具能幫你解決生活／工作問題,你就已經踏進科技共生的門口。

第九章　庶民與科技的共生之道

2. 改變「使用科技」的目標設定

庶民使用科技的轉型心法：

- 從「玩來打發時間」→「用來省時間」
- 從「買來跟風」→「用來創價值」
- 從「滑來過日子」→「學會賺一點外快」

每一個功能，都應該對你有價值回饋，而不是時間吞噬。

三、工具啟動：庶民友善的科技起點清單

1. 數位筆記與時間管理

Notion ／ Trello ／ Google Keep

→幫你整合工作、學習、生活計畫，建立專案管理系統

2. 簡易視覺設計與內容製作

Canva ／剪映／ CapCut ／ Remove.bg

→製作海報、簡報、社群貼文、影片，適用於個人品牌或小生意經營

3. AI 助理工具

ChatGPT ／ Bard ／ Claude.ai

→整理資訊、寫文案、做行銷企劃、擬 Email、回答客戶問題、語法轉換

4. 接案與販售平臺

Tasker 出任務／ Pinkoi 設計平臺／ Udemy 課程平臺／蝦皮個人賣場

→提供技能、賣手作品、上線課程、做自媒體

5. 財務與收支管理

記帳城市／快記 App ／ Excel ＋ Google Sheets 預算表

→幫你追蹤現金流，規劃收支結構，建立投資紀律

6. 自動化與省時外掛

Zapier ／ IFTTT ／ LINE Notify

→自動通知、日曆提醒、表單整合，讓生活管理變成低工時運作

這些工具背後不需要程式，只要你會點、拉、貼、輸入，就能開始。

四、真實案例：庶民與科技的共生故事

案例一：外送員變 AI 文案師

阿良白天跑外送，晚上用手機邊看邊學 ChatGPT 怎麼寫文案，從幫朋友寫開店文案開始，慢慢接到小品牌寫社群貼文的案子。他說：「我不會設計、不會程式，但我會觀察客人怎麼說話，我只是請 AI 幫我整理。」

現在他每月有穩定三個案主，平均月收入比跑外送多一倍，時間自由更多。

案例二：家庭主婦變 Notion 共學主理人

小婷育兒三年後開始整理自己與家人生活時間表，發現 Notion 很好用，就開設線上共學班，教大家怎麼用它規劃「一週食譜」、「育兒備忘」、「家庭預算」，她說：「我只是把我自己的混亂生活，整理出一點點秩序，然後分享出去。」

兩年內超過 600 人參與，成為她的副業與個人品牌起點。

第九章　庶民與科技的共生之道

五、庶民智慧參與的五大策略建議

- **學一種工具，不要學一門學科**：選一個與你生活最接近的科技工具深入練習，例如記帳、影像剪輯、排版設計
- **從解決一個問題開始**：不要問「我要學哪個 AI」，而是問「我工作上哪個動作最浪費時間？」
- **找一群人一起學**：加入庶民科技共學社群，減少孤單與中斷
- **寫下你學會什麼，並試著教別人**：這不僅是記錄，也是建立你的信任與價值來源
- **用小專案驗證成果**：例如：寫一份行銷文案、剪一支教學影片、做一本家庭手冊、整理一次數位資產清單

科技不該讓你焦慮，它應該幫你減少焦慮。

你不是科技的旁觀者，而是它存在的理由

　　科技的進步，不該只是為了讓有錢人更快、有資本者更強、有學歷者更懂。它應該也能讓庶民少一點無力、少一點失控、多一點希望、多一點選擇。

　　庶民智慧參與的時代，已經開始了。不是等你準備好，而是從你開始願意動手的那一刻，智慧就會發生。

第二節　AI 時代的庶民策略：如何與人工智慧共事而非競爭？

幾年前，你可能還在問：「AI 會不會取代人類？」

但現在，問題已經變成：「**AI 什麼時候會取代我？**」

從客服、寫作、翻譯、設計、醫療影像分析、法律摘要、投資建議到教育教案設計，**幾乎所有你以為「不會被機器做掉」的工作，AI 都已開始學會了。**

對庶民來說，這聽來很可怕。但請冷靜。AI 不是風暴，它只是加速器。它會讓強者更強，但也會讓弱者有機會翻身——前提是：**你願意先了解它、使用它、駕馭它。**

這一節，我們將拋開「AI 會搶工作」的恐懼敘事，從一個實際、務實、庶民可落地的角度出發，教你如何和 AI 共事，而不是被它淘汰。

一、AI 不會取代你，但會取代不會用 AI 的你

這是一句你會在未來十年聽到無數次的話。但它說的是一個現實：

◆ 醫生不會被取代，但不懂 AI 診斷輔助的醫生會被病人淘汰
◆ 老師不會被取代，但不會善用 AI 備課的老師會越來越吃力
◆ 設計師不會被取代，但只靠自己而不懂 AI 繪圖的設計師會效率落後

AI 不是你要戰勝的對手，而是你可以合作的助手。

第九章　庶民與科技的共生之道

二、AI 將如何影響庶民的工作與收入？

1. 可預測、可格式化的工作將快速被部分取代

例如：

- 初階客服、收銀、資料輸入、基礎報表撰寫、行政流程處理
- AI 只需一次訓練，就能 24 小時穩定完成這些工作，且不請假、不抱怨、不罷工

→庶民重複性高、創意要求低的工作首當其衝

2. 半技術工作會被「AI+人」的新模式重組

例如：

- 翻譯：機器翻初稿，人類優化語意
- 寫作：AI 先產文案架構，人類加上敘事與風格
- 法律摘要、教學設計、行銷腳本也都進入這種「共事型架構」

→庶民若能掌握「與 AI 配合的角色」，就能守住甚至提升收入

3. 新職業與收入模式會湧現，但需要你先轉念

像是：

- 提示工程師（Prompt Engineer）：擅長對 AI 下指令、整理資訊
- AI 產品經營者：設計對應族群的教學、應用介面、模版
- 自媒體與教育轉型者：教庶民怎麼用 AI 處理生活與工作問題

→庶民不一定要成為 AI 開發者，但要成為「AI 應用者」、「AI 轉譯者」、「AI 人性化設計者」

三、庶民與 AI 共事的三層策略

1. 學會駕馭 AI 的「語言」：提示設計（Prompting）

所謂「提示」，就是你如何跟 AI 說話。

提示設計要點：

- 明確角色設定：「請你扮演一位專業理財顧問」
- 限制與格式：「請用條列式，總結三點」
- 加上背景脈絡：「我是自由接案者，月收入不固定，請設計儲蓄計畫」
- 加上評分機制：「請你針對以下三種提案打分數並說明理由」

→這不是「使用技巧」，這是新的語言素養。

2. 建立個人「AI 工作輔助系統」

AI 可以幫你做的事情包括：

- 整理客戶資料→輸入表單，自動歸檔、回覆信件
- 撰寫內容→部落格、履歷、自傳、產品介紹、簡報稿
- 行銷文案→IG 貼文標題、廣告腳本、產品標語
- 教學設計→課綱生成、教案簡化、練習題設計
- 資料分析→資料摘要、圖表產出、風險模擬

你不是讓 AI 取代你，而是讓 AI 幫你節省 50%的時間與 60%的心力。

3. 善用 AI 建立個人品牌與被動收入

- 用 AI 幫你撰寫電子書初稿
- 幫你整理知識成為教學模版或線上課程草稿

第九章　庶民與科技的共生之道

- 用 AI 設計簡報、海報、履歷、自我介紹，快速產出作品集
- 將 AI 使用技巧教學轉化為社群貼文、影片、課程，變現你的學習成果

庶民不只可以用 AI 工作，還能靠教 AI、分享 AI 而創造新收入。

四、五種庶民友善的 AI 應用情境

生活需求	可用 AI 工具	應用方式
找工作寫履歷	ChatGPT ＋ Canva	請 AI 改寫履歷語氣，Canva 設計排版
接案寫提案	ChatGPT ＋ Notion	讓 AI 根據客戶資訊寫提案初稿，放入 Notion 編輯
線上開課	ChatGPT ＋ Google Slides	用 AI 整理課程大綱，自動產出教學簡報
管理收支預算	Excel ＋ AI	請 AI 協助設計收支表公式與月度財務報告
社群經營	ChatGPT ＋剪映	AI 產出貼文文案與腳本，用剪映做短影音

這些工具，庶民都能免費或低成本取得、學會並應用。

五、真實故事：庶民與 AI 共事的翻轉人生

案例一：家庭主婦變成 AI 履歷顧問

小茹原本是家庭主婦，透過網路學會用 ChatGPT 修改履歷，幫親友優化求職文件。後來她在平臺開設「履歷優化服務」，只收每件 300 元，卻因為快速又有效果，一年幫上百位青年與轉職者取得面試機會。她說：「我不是專家，但我幫他們說出自己最好的樣子。」

案例二：退休老師變 AI 課綱編輯

退休的高中國文老師阿義開始嘗試用 ChatGPT 設計多版本的閱讀教學設計。他建立一套模版，並製作簡易教案包，在教學平臺販售給補習班、家教與家長使用。阿義說：「我以前一週寫一份教案，現在一天能產三份。」

> **當 AI 成為庶民的共事者，翻轉就發生了**
>
> 　　科技不該讓庶民更邊緣，AI 不該是高端的代名詞。只要方法正確，庶民完全可以是 AI 應用時代的先行者與創造者。
> 　　未來的工作不是消失，而是重組。未來的收入不是減少，而是轉向。未來的希望，不是科技決定，而是庶民自己寫下。

第三節　庶民的數位主權：
在平臺世界中保有你的資料、聲音與尊嚴

你有沒有想過這個問題：

你的生活，到底屬於你，還是屬於平臺？

當你打開手機，一天滑動數百則貼文、點擊無數次推薦內容、按下同意條款、上傳照片、填寫表單、開啟定位⋯⋯這些看似日常的小行為，其實都在不斷向外交出一件東西：**你的數位足跡、你的行為習慣、你的個人資料，甚至是你的生活主導權。**

歡迎來到「平臺資本主義」時代。

這一節，我們不談 AI 怎麼幫你省時間、不談數位工具多好用，我們要更進一步談 ── **庶民在這個高度數位化世界裡，是否還有主權？是否能保有自己的聲音、選擇權與隱私尊嚴？**

一、什麼是數位主權？為什麼庶民也該在意？

「數位主權」（Digital Sovereignty）指的是個人在數位世界中的**資料控制權、身分決定權、選擇自由與價值主張能力。**

簡單說，就是：

- ◆ 你的資料能不能由你決定要給誰？怎麼給？怎麼用？
- ◆ 你的帳戶是否能在需要時轉移、保留、刪除？
- ◆ 你的聲音是否能被公平傳播，而不是被演算法淹沒或消音？
- ◆ 你是否知道自己的一舉一動，正被誰觀察與獲利？

庶民常常以為這些議題離我們很遠，其實這正是我們每天生活的一部分，而且我們正在默默失去控制權。

二、平臺時代的庶民困境：三種常見失權現象

1. 資料失控：我不知道誰擁有我

- 你訂過一次機票，從此每天收機票廣告
- 你參加過一次抽獎，個資外洩被推銷騷擾
- 你只是搜尋一次減肥方法，社群平臺就充滿相關貼文

→你以為在「使用」，其實你正在「被訓練」。

平臺蒐集你的資料、行為、偏好，建立「數位分身」，用來調整推播、賣廣告、設計誘因，而你卻無從得知或控制。

2. 帳號依賴：我的人生全卡在平臺上

- 你用了十年的 Gmail 帳號，一旦被鎖就失去工作與聯絡人
- 你經營五年的 IG 粉專，因不明原因被封鎖、申訴無門
- 你用平臺做金流，一旦帳戶異常就收入中斷、資料全無

→當生活、收入、人際關係都集中在少數平臺時，你的命脈就握在他人手中。

3. 聲音邊緣化：我說了，但沒人聽見

- 平臺演算法傾向放大對立、熱度、高點擊，讓溫和庶民聲音無法傳播
- 小型創作者在演算法更新後流量驟減，努力三年一夕歸零

第九章　庶民與科技的共生之道

- 特定政治、性別、文化立場者常被錯誤標示、限流、消音

→不是你不夠努力，而是平臺不是為你設計的。

三、庶民如何開始爭取數位主權？

1. 先從「知道自己留下什麼」開始

- 使用瀏覽器擴充功能如 Privacy Badger 或 uBlock Origin 檢視網站追蹤
- 定期查看手機 App 權限，關閉不必要的定位、麥克風、相機使用權
- 查詢常用平臺的「個資使用條款」，看看你到底給了什麼

數位素養第一步，是知道你正在用什麼被換走什麼。

2. 建立「多平臺生存結構」

- 不把所有通訊與資料集中在單一平臺（例如除了 LINE，也註冊 Signal 或 Telegram）
- 自建簡易網站或個人頁面（Notion、Carrd、WordPress），讓粉絲不只靠 IG 找到你
- 用不同帳號分開工作與個人生活，避免全部被綁死在 Google 和 Meta 帳號

當平臺崩潰時，你還能活著，這就叫主權。

3. 掌握資料的備份與轉移能力

- 定期備份你的 Gmail、Google 文件、FB 資料（Google Takeout / Facebook Download）
- 用雲端硬碟＋實體硬碟儲存重要文件、作品與客戶資料

- 學會將平臺內容轉存為離線版本（如 PDF、圖片包、影片檔）

資料如果只存在雲端，它不屬於你。

4. 支援開放原始碼與去中心化服務

- 嘗試使用如 Mastodon（社交）、Matrix（通訊）、Firefox（瀏覽器）等去中心化平臺
- 支持公平演算法開發與公共數位基礎建設
- 參與資料主權倡議團體，如 g0v、臺灣數位人權聯盟等

庶民不只是使用者，也可以是推動更公平科技世界的公民。

四、真實案例：庶民守住數位主權的力量

案例一：失去粉專的自營創作者如何重建

小佳是一位手作教學創作者，經營 IG 粉專三年，擁有萬名粉絲。但某日帳號突遭停權，三週內無法恢復。她深受打擊，但也開始學習架站，建立 Notion 網站，整理歷年教學影片、電子書、合作廠商資料。

她說：「我終於理解了，粉絲不是屬於我，而是屬於 Instagram。現在我才真正有自己的空間。」

案例二：庶民資訊工作坊打造數位保護圈

某社區大學開辦「庶民數位主權工作坊」，教授居民怎麼辨識詐騙網站、使用強密碼管理器、備份資料與使用 Signal。退休阿伯、國小家長、外送員全都參與，學會保護自己，建立「社區數位自救小組」，還做了 LINE 群組教學圖卡供分享。

第九章　庶民與科技的共生之道

他們說：「我們以前都以為『點同意』沒差，現在才知道，我們已經把太多東西交出去了。」

> **你不是平臺的產品，而是這個世界的主人**
>
> 　　數位主權不是某些國際會議的議題，也不是科技巨頭之間的博弈，它是我們每一個庶民的真實生活主導權。
> 　　你有權知道誰用你的資料，你有權選擇退出某些平臺，你有權要求公平的演算法，你有權保存自己的聲音與價值。
> 　　未來的科技社會，不該只屬於掌握程式碼與資本的人，而也該屬於每一個懂得說「這是我的」的庶民。

第四節　從用戶變創作者：庶民如何打造屬於自己的平臺與影響力基地

當我們打開手機，一天從早到晚接觸無數平臺：YouTube、Instagram、TikTok、Facebook、Podcast、蝦皮、蝦皮直播、方格子、Medium……這些平臺都讓我們看見他人，但我們卻很少問一個問題：

我們，什麼時候才從看的人，變成被看的人？

這一節的重點不是告訴你「每個人都該當網紅」，而是要說明一個現實：**庶民不能永遠只是用戶與觀眾，唯有開始創作與建構，才能重新掌握主動權。**

一、為什麼庶民應該從用戶思維轉為創作者思維？

- **內容就是力量的起點**：你寫下的、說出的、拍下的、直播的、教學的，都是你思想、觀點與價值的外顯。當你成為內容提供者，你不再只是資訊接收者，而是觀點的播種者。
- **創作是最低門檻的創業模式**：你不需要工廠、不需要大筆資本，只需要一支手機與一些時間，就可以開始建構屬於自己的內容型收入與影響力。
- **平臺經濟已轉向個人品牌經濟**：越來越多平臺重視小眾影響力與垂直主題經營，庶民的生活經驗與真實聲音，正在成為最有價值的內容素材。
- **從創作開始，你才能參與數位主權與收益分配**：唯有成為內容輸出者，你才能要求演算法公平、平臺政策透明與創作報酬制度正義。

二、庶民創作者的五種型態與實踐方式

生活實用型創作者

適合擅長收納、育兒、食譜、家庭理財、修繕、租屋經驗分享者

可經營的平臺：YouTube、Instagram、Podcast、方格子

收益方式：流量分潤、讀者贊助、數位產品銷售

技能教學型創作者

適合具備某項專業技能（設計、簡報、Canva、剪輯、語言教學、Excel、Notion）

可經營的平臺：Udemy、Hahow、Teachable、Medium

收益方式：線上課程、付費訂閱、顧問接案

觀點評論型創作者

適合喜歡評論時事、書籍、影劇、社會現象、教育議題、文化討論者

可經營的平臺：Podcast、YouTube、部落格、Telegram 社群

收益方式：口碑建立、專欄投稿、演講與授課邀約

創作型（圖文、手作、音樂、攝影）創作者

適合創作出視覺或聲音作品的庶民職人與興趣者

可經營的平臺：Instagram、Pinkoi、蝦皮、Bandcamp、Behance

收益方式：作品銷售、訂製服務、展覽與授權

共學型與記錄型創作者

適合學習某項技能或處在人生轉折期,願意記錄過程並與他人分享者

可經營的平臺:YouTube Vlog、個人網站、Notion 共學頁面、Telegram 日更群

收益方式:累積信任與社群,未來變現課程或活動服務

三、打造屬於自己的平臺基地:　　從內容到社群的五步驟

選定一個主題,聚焦你要對誰說話

例如:「育兒理財給年輕爸媽」、「退休理財給 50+ 女性」、「庶民學 AI 工具」、「共學 Notion 筆記」

→主題不必大,而要真實且具體,你自己的經驗就是最好的起點

建立內容輸出節奏,持續更新是信任基礎

每週 1 次文章、每月 2 次影片、每日 1 次圖文貼文皆可

→建議採「模組化內容」產出,如 Q&A、心得日記、工具教學、案例分享

使用簡單平臺起步,專注內容勝於技術完美

初學者推薦使用:Canva、Notion、剪映、WordPress、Instagram、Podcast Studio

→重點是「有話說、說得清」,而非「設備高端、影片酷炫」

將內容與社群結合，建立互動與支持系統

建立 Email 訂閱、Telegram 群組、臉書私密社團

回覆留言、邀請對話、舉辦線上小聚或直播

→社群不是粉絲，而是支持你的共學者與共鳴者

設計小規模變現機制，測試內容市場與回饋

推出一份電子書、一場小型課程、一份訂閱方案、一項個人服務

保持價格親民、過程透明、誠信交付

→不求暴利，只求信任可持續

四、庶民創作者的真實故事

從照顧者到「長照日記」作家

玉華照顧失智父親五年，每天在 Instagram 上記錄日常感受與照護流程。她的貼文內容質樸、語氣溫柔，吸引大量正在照顧長輩的讀者關注。後來她彙整貼文出版一本電子書，並開設「照顧者共學小組」，成為長照創作者社群的重要成員。

從接案設計師到 Canva 教學課程經營者

小松是一位視覺設計師，在社群上定期分享 Canva 使用技巧與實用設計模板。他以「庶民也能設計得好看」為口號，推出五堂入門線上課程與一套電子設計資源包，一年內吸引上千人付費學習，從案源不穩走向自營品牌穩定收入。

五、創作者不是明星,而是價值共振的樞紐

你不需要成名,也不需要百萬流量。

你只需要讓你在乎的話,有人聽得見;讓你的經驗,有人感同身受;讓你的知識,有人得以受用。

這就是庶民創作者的力量與意義。

> **你不只是一個帳號,你可以是一個節點**
>
> 當你開始創作,你就不再只是某個平臺上的用戶編號,而是一個有聲音、有影響、有節點能力的庶民實踐者。
>
> 平臺可以改變你看的東西,但唯有你開始說,整個世界才會開始聽你說話。

第五節　庶民科技教育的未來藍圖：如何為下一代建立數位時代的生存素養

當我們的孩子一出生，就接觸手機、平板、語音助理與 AI 推薦，當學校的課堂逐漸數位化、遠距教學變成常態、學習平臺與演算法全面融入學習過程，身為庶民家庭，我們必須正視一個根本問題：

科技不是未來的事情，它已經是孩子的現在；數位素養不是專家的課程，它應該是每一個庶民家庭的基礎能力。

但遺憾的是，現今多數庶民家庭對於科技教育仍充滿距離感──不是不關心，而是不知道該從哪裡開始、不知道哪些是孩子必學的、不知道怎麼教、不知道什麼才是真正對的方向。

本節將為你建立一套具備可操作性、庶民視角與未來導向的「數位時代庶民教育藍圖」，不管你是家長、老師、社區志工或是關心教育的人，都可以從這裡找到起點。

一、為什麼庶民不能缺席下一代的科技教育？

教育資源正快速數位化與階級化

高收入家庭可為孩子安排線上程式課、邏輯思維營、國際 STEAM 平臺，而庶民家庭往往只能被動接受免費資源、無法理解教學內容或缺乏引導力。

第五節　庶民科技教育的未來藍圖：如何為下一代建立數位時代的生存素養

下一代面對的工作樣貌已大幅改變

根據世界經濟論壇（2023），2030 年後有 65％的職位尚未出現。未來將以數位能力為基礎，AI 合作為常態，擁有「數位識讀、跨領域整合、創意思維」將成為必要條件。

科技不是冷冰冰的設備，而是生活方式的轉變

孩子如果只學會操作 App，而沒有學會判斷、創作、合作與批判性思考，將只能被動服從科技、沉迷平臺，而無法真正掌握自我。

二、庶民家庭的五項數位素養教育核心

資訊識讀力（Information Literacy）

- 教孩子辨別資訊真假、認識假新聞與 AI 生成內容
- 讓孩子學會查資料的方法，而非只會 Google 結果
- 可使用工具：Google Fact Check、MyGoPen、新聞小學堂

資料保護與隱私意識（Digital Safety）

- 教孩子設定強密碼、辨識釣魚網站與詐騙簡訊
- 說明資料留下會如何被平臺記錄與運用
- 建議使用：強密碼管理器（如 Bitwarden）、數位足跡模擬遊戲（如 Interland）

創作與表達能力（Digital Creativity）

- 引導孩子用 Canva、剪映、Notion 等工具做簡報、短影片或圖文創作
- 鼓勵孩子製作教案、漫畫、說故事影片、個人部落格
- 建立「我能生產，而不是只滑手機」的觀念

第九章　庶民與科技的共生之道

數位合作與社群倫理（Digital Citizenship）

- ◆ 討論「什麼是善意留言」、「什麼是網路霸凌」
- ◆ 練習在小組中線上合作、遠距討論與任務分工
- ◆ 可導入課程：Scratch 團體計畫、Google Workspace 共編練習

程式思維與邏輯架構（Computational Thinking）

- ◆ 並非人人都要學程式語言，但應培養問題解決的邏輯與結構性思考能力
- ◆ 透過積木式學習（Scratch）、流程圖製作與解題邏輯訓練
- ◆ 推薦平臺：Code.org、Tinker、臺灣 AI 學校青少年課程

三、庶民家庭如何打造科技教育的起點？

將數位學習融入日常，而非額外壓力

- ◆ 和孩子一起用 Google 地圖規劃家庭出遊路線
- ◆ 用 Notion 設計家事任務版
- ◆ 用 Excel 記錄零用錢與消費計畫

　→讓孩子理解：科技不是課本，而是生活的一部分

鼓勵孩子「教大人」操作，反向培養成就感

- ◆ 請孩子教父母如何製作投影片、下載 App、整理雲端硬碟
- ◆ 讓孩子成為家庭的「科技助教」，從而建立自信與責任感

建構家庭的「共學時段與共創計畫」

- 每週一次「科技共學夜」，全家人一起練習使用新工具或討論新科技議題
- 發起「家庭部落格計畫」、「生活影片紀錄」、「爺奶口述歷史數位化」等家庭創作

四、社區與學校可以做什麼？

建立庶民科技教育資源中心

- 每個社區圖書館設立「數位工具體驗區」與免費教學工作坊
- 提供二手筆電租借、平板使用訓練、家長數位教育培力

開設「非學科導向」的科技生活課

- 不以學科分數導向，而以「能否解決生活問題」為重點
- 例如：如何用 AI 幫媽媽做菜單、如何用 Notion 規劃旅遊行程、如何拍攝家庭影片

推動青年數位志工制度

- 讓高中生或大學生進入社區或國小，擔任「庶民科技教練」
- 建立跨世代教學與互動，擴散科技教育平權

第九章　庶民與科技的共生之道

五、真實案例：庶民社群的科技教育行動

案例一：「數位媽媽學苑」

　　由幾位全職媽媽共同發起，每月一次在社區教室舉辦「媽媽數位共學日」，學習剪映、Canva、ChatGPT 應用，並讓孩子一起參與「小孩教大人」橋段。兩年內超過 200 人參與，並出版第一本共學手冊《媽媽的數位存摺》。

案例二：「夜光教室的 AI 小農夫計畫」

　　一所偏鄉國中結合在地農夫與 AI 教育團隊，推動「AI×農業」課程，學生用 ChatGPT 設計作物照顧日誌，用 Notion 記錄成長歷程，並用 Canva 設計銷售海報。最後全班在社區市集擺攤販售，所有收益回捐學校科技設備。

> **讓孩子不只滑手機，而能滑出自己的未來**
>
> 　　庶民的下一代，不能只是被科技包圍，不能只是使用者，更不能只是演算法的目標與平臺的產品。他們應該有能力判斷資訊、有能力主動創造、有能力設計生活、有能力使用科技實現自己想做的事。
>
> 　　而這一切，從家庭、社區、學校與我們自己做起。你不是科技時代的旁觀者，你是下一代教育的合夥人。

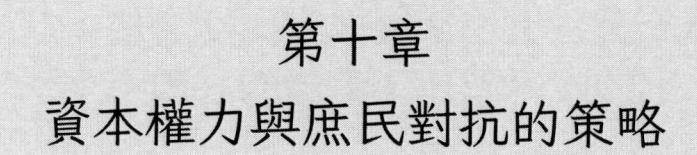

第十章
資本權力與庶民對抗的策略

第十章　資本權力與庶民對抗的策略

第一節　土地正義與庶民安身權：當家的成本超越了生活的底線

在臺灣社會，「有土斯有財」這句話深入人心。對庶民而言，能夠有一間自己的房子、不必被房東趕、不用看物價起伏而流離，代表的是安身、立命與尊嚴。

但進入二十一世紀第二個十年，房價漲幅遠遠超越薪資成長，土地與住宅早已不再只是基本生活需求，而成為了**資本炒作、權力交換與社會階級複製的核心場域**。

我們常問：「為什麼房子這麼貴？」但更深層的問題是：「**誰在掌控土地與住宅？**」、「**這套制度如何不斷剝奪庶民的安身可能？**」、「**我們是否能夠重新設計一種不被逐出的生活方式？**」

本節從土地政策與居住制度出發，揭開庶民住宅困境的結構根源，並提出具體可行的反制與創建策略，重新思考土地正義與安身權的庶民可能。

一、當代庶民的居住現實：一個無聲的社會危機

買不起也租不起的雙重壓力

根據內政部數據，臺灣多數縣市的房價所得比超過 9，代表一個家庭不吃不喝也要九年以上才能買房。首購族貸款負擔率接近或超過 50%，壓縮生活品質與家庭支出彈性。

租屋市場結構失能

臺灣租屋市場缺乏穩定契約、房東保障機制、長期租屋規範。租戶無法安心長住、租金調整無依據、房東多半逃漏稅，使整體租屋市場混亂而不安全。

弱勢被迫邊緣化居住

老人、單親家庭、移工、身障者、低薪戶等常被市場拒於門外，只能住進老舊、陰暗、無安全保障的環境，住的不是「家」，而是不得已的過渡空間。

青年世代的「無殼化」焦慮擴大

不僅買房遙不可及，就連搬離家中、租屋自立都變得困難。**家庭資本成為安身的決定門票**，使階級流動凍結，社會向下流動惡性加劇。

二、結構性不正義的四個根源

土地高度資本化

土地不再是生活空間，而成為財富累積與投機炒作的商品。政府開發區段、交通建設利多、稅制偏袒房地產，使得土地愈買愈貴、愈炒愈值錢，反而疏離庶民生活。

房地稅制不平衡

臺灣的地價稅、房屋稅、囤房稅長期偏低，多屋族擁有 10 戶以上房產者卻繳稅不重；反而首購族、實住者因房價高、房貸重而背負沉重負擔。

第十章　資本權力與庶民對抗的策略

國有土地與公宅政策失能

大量國有土地閒置或以高價標售給建商，而非作為社宅或公共用途。興建社會住宅腳步緩慢、數量不足、地點邊緣，無法滿足真正有需求的庶民。

政府與資本掛鉤，政策傾向建商

建設利多與炒房訊號往往來自政策本身 —— 包含合宜宅炒作案、重劃區標售、都更排擠原住戶等現象，使得「政策」反而成為炒作的助力。

三、庶民安身權該如何重新定義與落實？

居住是權利，不是商品

住宅應被視為社會基本條件，如同教育與健保，而非完全交由市場機制決定。「居住正義」不該只出現在選舉口號，而應具體化於稅制、政策與法規中。

土地應具社會功能，不僅是私有財產

土地屬於整體社會資源，擁有者應付出相對應的社會責任，包含合理稅賦、開放公共使用與避免囤地閒置。

租屋市場應保障雙方權益與生活穩定

包括建立標準契約、限制無理由驅趕、保障合理租金上限、鼓勵長租、輔導房東申報與減稅，打造庶民可依靠的租屋制度。

四、庶民如何參與土地正義的實踐？

推動社區型自力造屋與合作住宅

結合建築師、社區團體與政府資源，自建共生住宅、青銀共居、集體購地開發，不依賴建商而建構可負擔的居住方案。

支持與擴散社會住宅與非營利住宅運動

透過公民連署、地方倡議、政策遊說等方式，要求政府提高社宅比例、保障弱勢入住權、採用非市場化租金機制。

參與反炒房與囤房稅改革行動

加入地區公民團體，支持包含「囤房稅強化」、「實價登錄透明」、「限建區段調控」等政策，從制度面壓制不當投資型炒房。

建立庶民住宅互助社群

以群組、合作社、共享平臺形式，交流租屋資訊、法律支援、裝修建議與空間改造合作，形成「住戶不孤單」的共居網路。

五、真實案例：庶民安身的行動實踐

案例一：「空地變家」社區再造計畫

一群在地青年與退休長輩合力改造社區閒置國有地，申請低價使用權，搭建輕量木屋作為過渡住宅，並成立共食空間與菜園基地。三年內不但解決 15 戶邊緣家庭的急需，還建立起居民間互助的日常生活網路。

第十章　資本權力與庶民對抗的策略

案例二：「庶民租屋聯盟」

由一群長年租屋者成立的協會，每年出版相關報告，並定期舉辦租屋法規說明會與房東評鑑表單，成功推動地方政府建立房東責任分級制度。如今已有上百名房東與聯盟簽署公開租約。

> **庶民的身體不該沒有地方安放**
>
> 　　土地不是少數人壟斷的籌碼，也不應是市場任意標價的商品，而是我們安身、養家、建立生活與希望的基本條件。
> 　　庶民的國富，不能建立在漂泊之上。真正的繁榮，不是讓幾個人擁有整個城市，而是讓每一個人都有一個可住、可活、可尊嚴的角落。
> 　　土地正義，不是口號，是庶民要一寸一寸奪回的生活空間。

第二節　財團壟斷與經濟控制的庶民對策：當生活選項被集團悄悄決定

　　你是否曾經發現，不管你走進哪一間便利商店、網購哪一件商品、喝哪一瓶瓶裝水，背後似乎都是同幾家公司在控制？

　　你以為自己擁有選擇，但實際上，那些貨架上的「多樣性」其實來自同一組財團。

　　財團壟斷不再只是經濟學課本的概念，而是**庶民每天在生活中實際面對的限制現實**。而這些控制，是透過市場結構、品牌布局、定價權、通路壟斷與廣告壓制，一步步把庶民的選擇、收入與創業可能壓縮到底。

　　本節將從臺灣與國際的真實經濟權力現象談起，揭露財團如何主導我們的生活，並提出庶民可行的「微抵抗策略」，以消費決策、合作經濟、社區行動與制度倡議，**讓庶民重新奪回生活的選擇權與經濟主導權**。

一、看不見的經濟巨獸：財團如何影響庶民日常？

通路集中，選項被稀釋

　　臺灣的量販、便利商店、連鎖餐飲、物流平臺多由數家大型集團控制，例如統一集團不僅擁有超商、超市、餐飲品牌，更透過垂直整合主導貨架選品與供應。

　　結果是：中小品牌進不去貨架，小農產品找不到通路，庶民只剩「品牌選擇」而非「真正選擇」。

第十章　資本權力與庶民對抗的策略

定價權掌握在少數手中

　　資訊不對稱、品牌定價、通路綁約、物流補貼等機制，讓大型企業能任意主導價格，而庶民無法辨識價格是否合理。

　　舉例來說，一包看似促銷的零食，其實早已含下架品重包、廣告成本與物流折讓，反而讓你在促銷中被牽著走。

媒體與廣告權力壟斷話語空間

　　財團經營電視臺、報紙、數位媒體與網紅經紀公司，使庶民只能接收到「經過編排的資訊」，而非市場真正多元面貌。

　　這使得庶民在選擇之前，連「看見」其他選擇的機會都被剝奪了。

二、財團壟斷的三大策略操作

品牌多樣包裝的假象

　　同一財團可能經營多個品牌，使消費者以為自己有選擇。舉例來說，市面上主流奶茶品牌背後可能都是同一家飲料集團。

市場關鍵環節的收購與整併

　　透過購併物流、關鍵原料、支付系統，形成「平臺外不能活」的依賴結構。例如：某外送平臺掌握七成市場占有率，導致小店若不上架即失去客源。

政府政策遊說與補助導向

　　大型集團更擅長取得研發補助、租稅優惠與土地優先使用權，形成政策紅利傾斜。中小企業與庶民商家卻無法取得同樣機會。

三、庶民如何展開經濟反制與日常抵抗？

1. 建立庶民選品意識與反壟斷消費行為

- 支持獨立品牌、本地小農、小型創作者
- 使用比價工具（如物價透明網站）避免被價格操控
- 發起「庶民消費地圖」，標示非財團店家

消費不只是買東西，更是投票給你要的生活方式。

2. 加入合作社與共購體系，重建通路主導權

- 與社區居民共組食材共購平臺
- 發起訂閱制支持農場或友善企業
- 組成庶民物流／倉儲共用系統

通路不一定要仰賴財團，庶民也能自己串接供應鏈。

3. 庶民共創品牌與平臺，挑戰集中權力

- 社區共辦品牌（如共學品牌、共作商品）
- 發起不受廣告平臺制約的自營內容管道
- 建立在地經濟小生態（手作市集、技能交換、預購平臺）

你不需要百萬資金，只需要一群人、共識與實踐。

四、真實案例：庶民對抗壟斷的行動實踐

案例一：「不被財團吃掉的早餐店聯盟」

當地多家傳統早餐店因無法負擔外送平臺高抽成，聯合成立「自組物流＋點餐平臺」，透過 LINE 群管理訂單、自行配送，還結合在地小農原料。三個月內，聯盟吸引超過 2,000 名固定客戶，並成立「庶民早餐學院」推動在地食材合作。

案例二：「庶民選品超市共購社」

由社區媽媽與青年組成選品小組，每月共購臺灣小農農產品、在地手工皂、公平貿易咖啡。產品由社區成員輪值管理，所有盈餘再投入教育與生態行動，五年內累積數千名固定會員。

五、從抵抗到翻轉：庶民制度策略建議

推動《公平交易法》加強反壟斷監管與平臺治理

包括揭露市占、合併審查、囤積管制與關鍵技術共享機制

要求大型平臺提供「庶民營業入口」與低抽成方案

法規規定平臺需設置小商家友善模組與透明費率機制

強化社區經濟支持機制

提供小店數位轉型補助、在地經濟租金優惠、社區通路專案

建立「庶民通報平臺」揭露壟斷行為與不當關係

由公民與學者共同運營，定期發布壟斷紅黃燈品牌報告

第二節　財團壟斷與經濟控制的庶民對策：當生活選項被集團悄悄決定

> **經濟的選擇權，就是庶民的生存權**
>
> 　　當生活中的每一個商品、每一種服務、每一筆交易都被少數財團控制，庶民看似自由，其實早已喪失了選擇權與議價能力。
> 　　庶民國富的第一步，是奪回生活的主導權；財富自由的基礎，不在帳戶裡，而在你能否自由地選擇要過怎樣的生活。

第十章　資本權力與庶民對抗的策略

■ 第三節　價格操控與物價不公的結構真相：為什麼庶民總是最先受傷？

當你發現便當從 80 元變成 95 元、咖啡從 45 元變成 60 元、超市裡的油、米、蛋、牛奶幾乎每週都在漲價，你可能會問：**怎麼每天都有人喊「通膨已緩和」，但我的錢卻越來越不夠用？**

這不是你的錯覺，也不只是全球原物料波動的結果，而是一整套由**結構性壟斷、政府管制失靈、資訊不透明與價格策略操弄所構成的現實機制。**

本節要做的，是撕開「物價」背後的技術與權力迷霧，讓你清楚看見誰在主導你口袋裡的錢變薄，並思考庶民如何逆轉這場看似無聲、實則極為政治性的「價格戰」。

一、通膨背後的不對稱現實：為何庶民感受最強？

物價上漲與薪資停滯的交叉剪刀

根據主計總處數據，過去十年間臺灣平均薪資成長不到 20%，但生活必需品的平均漲幅超過 35%。也就是說，即便你每年有加薪，實際購買力卻在倒退。

這現象在低薪族群尤其嚴重，因為**庶民支出多集中於食物、交通、房租、水電等「無法選擇性支出」**，當這些漲價時，實際生活品質立刻受到衝擊。

官方通膨指數低估實際感受

消費者物價指數（CPI）是政府衡量通膨的重要指標，但其計算內容包含了許多「中高階級消費」項目，如旅遊、餐廳、娛樂等，這些品項對庶

民影響較小。

因此，庶民所面對的「日常型通膨」，往往比 CPI 所呈現的高得多，但政策卻依據這個數字做出錯誤回應。

企業轉嫁成本能力與庶民吸收能力不對等

當原物料、能源、物流成本上升時，大企業能夠快速透過定價策略、規格縮水（如「內容量變少、價格不變」）等方式轉嫁；庶民則無法調整收入，只能被動承擔。

二、價格操控的現代機制：
　　你看見的是價格，背後是權力

關鍵產業集中導致「定價同盟」

如食品加工、電信、能源、日用品四大超商等領域，臺灣市場高度集中。當少數業者壟斷供應與銷售，便能形成**實質價格聯合**，雖無明文勾結，但實際上達成「共同調漲、穩定利潤」的默契。

「品牌化掩蓋通膨」的設計手法

當物價必須調漲，企業會採取以下方式降低消費者警覺：

◆ 推出「升級版」、「新包裝」以提高價格
◆ 將內容量減少卻不明示（如 200ml 變成 180ml）
◆ 將單品移除，強迫消費者改購綜合包裝

這種定價心理操控使庶民難以察覺實際支出上升。

第十章　資本權力與庶民對抗的策略

廣告與媒體話語權引導消費判準

透過品牌廣告、大型通路主導與媒體置入，庶民接受到的價格資訊被預設與稀釋，難以進行有效比較或反抗。

三、政府政策如何失靈甚至推波助瀾？

價格審議制度形同虛設

臺灣許多民生物品需經主管機關核准調價（如油價、電價、瓦斯），但在壟斷結構與缺乏透明審議下，往往「虛應審議、實質放任」。

稅制與補貼政策錯誤導向

如燃料補貼給特定產業、而非全面抑制物價；房地稅制鬆散，導致租金隨房價同步上升；缺乏針對弱勢家庭的長期價格支撐政策。

忽視庶民感受的政策決策文化

物價政策往往以宏觀經濟數據為依歸，未能建立「生活成本感受指數」、「庶民支出壓力模型」等反映庶民實況的工具。

四、庶民對策：如何在操控價格下保住生活主權？

建立庶民價格觀察與揭露平臺

- 組織在地價格觀察團隊，定期公開社區商品比價表
- 使用「價格透明行動平臺」，揭露漲價原因、品牌結構與背景財團
- 推動由庶民製作的「生活真實物價指數」報告

發起庶民選擇運動

◆ 支持價格合理、結構透明的在地品牌與合作社
◆ 拒買過度包裝或不明縮水品項
◆ 運用社群力推動「庶民買得到、買得起、買得安心」行動

倡議政府強化價格公平與資訊揭露

◆ 要求關鍵民生品項須公開成本結構與調價依據
◆ 建立「價格異常通報系統」，由消費者主動舉報並審查
◆ 引入「庶民生活成本代表制度」，讓政策決策納入第一線聲音

五、真實案例：庶民如何對抗物價不公

案例一：「庶民物價日誌」

在地社區媽媽群組建立 Google 表單，長期記錄市場與超市食材價格變化，每月彙整為「真實生活通膨報告」，並在地方社區中心辦理說明會，邀請議員與公所代表對話，最終促成學校午餐食材由社區共購支持。

案例二：「反縮水聯盟」

由一群青年消費者組成，揭露市售商品「暗漲」手法（內容量縮水、價格調升），並製作比對影片與社群懶人包，成功引發媒體報導與消保官介入，讓部分企業調整策略與標示方式。

第十章　資本權力與庶民對抗的策略

> **掌握價格，不是特權，是庶民的生存武器**
>
> 　　庶民不該被動接受價格，而要擁有價格的知識、選擇與議價能力。當我們知道物價怎麼漲、誰在決定、有哪些選擇，庶民才有能力守住生活的邊界。
> 　　我們不是要打敗資本，而是要讓市場回到公平；我們不是要對抗經濟，而是要讓經濟成為生活的工具，而非統治者。

第四節　庶民與稅：
財富轉移背後的稅制真相

　　你是否曾有過這樣的疑問：每年報稅都老老實實繳稅，但越繳越覺得自己是唯一繳稅的人？你看到財團、富豪、跨國企業卻一再傳出避稅、節稅、抵稅新聞，甚至還能享有補貼、減稅、租稅優惠，心中是否曾有過一種「為什麼庶民總是成為國家財政的提款機？」的感受？

　　本節我們要問的不是「要不要繳稅」，而是「誰在繳，誰在逃，誰又被犧牲？」

　　稅制不是冰冷的法律條文，它就是國家的價值排序表。透過稅收，政府決定誰要承擔多少義務，誰可以保有多少特權，誰能繼續累積財富，誰卻被限制前進的可能。庶民若不理解稅制背後的結構邏輯，就只能一再默默承受不公的制度結果。

一、庶民為何總覺得自己「稅感最重」？

直接稅繳最多，間接稅逃不了

　　臺灣庶民所得多集中在薪資與零星收入類別，無法避稅、無法抵稅、無法規避報稅義務。每月薪資自動扣繳，年終報稅又繳一次，進一步產生「重複被稅」的體感壓力。

　　而大型企業、資本收入者則可透過股利分散、租賃掛帳、資產轉移等方式，有效降低實質稅負。

消費稅（如營業稅、關稅）無所遁形

每次購買商品都已內含稅額，庶民無論收入高低，只要消費就繳稅，形成相對剝奪感。而高資產者可購買免稅商品、大宗購併、不在地消費，實質稅負占比反而較低。

稅制設計對「努力工作」課得最重

臺灣現行所得稅制對勞動所得課稅較重，資本利得稅反而輕微或根本不存在。例如：股利所得在某些條件下享有抵稅優惠，而兼差者、自由工作者卻無法折舊、無資本支出抵稅空間。

二、財富集中背後的稅制協助機制

股利、資本利得低稅率甚至免稅

高資產族群多數收入來自股票股利、房地產轉售、基金投資等，這些稅負遠低於薪資所得，甚至在部分情況下「名義課稅、實質不課」。

資產轉移與遺產稅制度寬鬆

臺灣的遺產稅與贈與稅率已從早年的 50% 調降至最高僅 20%，且可透過信託、保險、不動產切割等方式大幅規避稅負。這使得富有家庭的資產能順利傳承，而庶民則無法享有相同工具。

租稅優惠與補助傾向資本方

諸如投資抵減、研發補助、土地開發獎勵等稅制工具，多半僅能由企業與資本方申請。庶民若創業、斜槓、副業，卻難以享有同樣支持。

三、庶民看見的不是稅，而是「制度不公平」

稅負不透明，人民無感參與

多數人不了解自己一年繳多少稅、繳去何處、政府怎麼花。稅制複雜、術語繁多，使得庶民難以介入討論與監督。報稅變成例行儀式，卻沒有形成「稅是公共參與」的認知。

退稅制度設計對有能力者更有利

懂稅制的人知道如何「規劃節稅」，透過報稅工具、購買扣抵品項、利用家庭成員分攤申報，而庶民往往「該抵的沒抵、該退的沒退」，繳得最勤卻退得最少。

稅收使用未對弱勢產生足夠效果

庶民繳納的稅收，應回饋於基礎建設、教育資源、長照補助與醫療體系，然而不少預算流向大型建設、政商關係標案與非必要補貼，造成「納稅人無感、弱勢族群未受益」的雙重失落。

四、庶民稅制正義的四大行動方向

提升稅務素養，重建知識武裝力

- ◆ 推動「庶民報稅教育」：社區講座、線上影音課程、報稅懶人包
- ◆ 建立庶民稅務問答平臺，協助個人申報、退稅、稅務爭議處理
- ◆ 推廣自由工作者、接案者的節稅策略與工具應用

第十章　資本權力與庶民對抗的策略

倡議稅制結構改革，落實垂直公平

- ◆ 推動資本利得稅合理化與高資產申報透明化
- ◆ 調整股利課稅政策，強化中產以下所得保護
- ◆ 擴大遺產稅與贈與稅規範，限制跨代財富過度累積

監督稅收使用，確保預算正義

- ◆ 組織「納稅人監督會」，參與地方與中央預算分配討論
- ◆ 設置「稅金可視化平臺」，公開項目支出與政策回饋
- ◆ 支持審計機關強化監督功能，減少浪費與不當補助

爭取庶民創業、勞動、家庭支出的稅制優化

- ◆ 設計針對自營者、小型創業者的免稅門檻與抵稅項目
- ◆ 擴大育兒、長照、租屋等庶民生活支出抵稅權益
- ◆ 為庶民創業者建立「一站式報稅協助平臺」

五、真實案例：庶民稅制翻轉的實踐行動

案例一：「報稅互助站」

由一群 NGO 工作者與志工組成社區報稅隊，五月報稅季期間設立「稅務諮詢小攤位」，協助庶民填報、了解扣除額、避免漏報退稅項目。三年內累計協助超過 500 人爭取合法退稅，並整理發行相關手冊。

案例二:「納稅人行動論壇」

結合學者、記者與公民組織舉辦年度「稅制透明論壇」,以庶民觀點審視政府財政與稅收使用,並發起「租稅正義倡議書」,成功推動立法院開設稅制修法公聽會,納入「庶民稅負公平」指標。

納稅是義務,但更應該是權利的起點

我們不是反對繳稅,而是反對在制度不對等的條件下,庶民繳得最多、受益最少、卻無法發聲與監督。

納稅不應是庶民的沉默與委屈,而是民主參與的開始,是社會分配正義的推手。當你開始理解、開始關心、開始參與,稅不再只是你的負擔,而會是你爭取更公平社會的工具。

第十章　資本權力與庶民對抗的策略

■ 第五節　金權政治的庶民解方：從冷感公民到行動選民

在庶民的日常對話裡，「政治」常常是一個令人退避三舍的話題。太爭議、太遙遠、太無感 —— 這是許多人對政治的印象。但現實卻是：你每天面對的物價、租金、稅負、醫療、教育、勞動條件，**全部都跟政治有關**，而且高度相關。

尤其在臺灣這樣政商關係緊密的社會結構裡，**金權政治不只是選舉時候的新聞熱點，而是一套長期塑造政策方向、分配國家資源與壓縮庶民生存空間的制度機器。**

本節要討論的不是黨派政治、也不是選舉策略，而是從庶民視角出發，理解金權如何滲透制度，又該如何透過「行動型公民參與」翻轉政治冷感，重建庶民自己的政治影響力。

一、什麼是金權政治？為何庶民無感，卻無法倖免？

金錢決定政策方向

金權政治，簡單來說，就是**財團透過政治獻金、媒體操作、遊說系統與人脈布局，影響政府決策，形塑有利於自身利益的法規與補助制度。**

例如：土地開發案、能源政策、稅制設計、財團補助、藥品採購、標案分配等，背後往往與特定企業、財團有密切連繫。

庶民失去參與與監督的機會

當政治議題總是與高深的數據、法律術語、權謀鬥爭連結，庶民很容易被排除在外、感到無力甚至冷感。久而久之，**公共政策討論成為少數人的遊戲場，而大多數人只能承擔後果，卻沒有決定權。**

媒體與輿論被操控，庶民無從得知真相

當媒體由財團持有，公共議題的呈現便受到影響。庶民難以取得完整資訊，更難透過新聞做出明智選擇，只能在模糊與操作中失去方向。

二、金權政治如何影響庶民生活？

政策傾向資本方，忽視庶民需求

許多看似「普惠」的政策，其實設計門檻偏高、資格繁瑣，實際受惠者為資本方或特定族群。例如創業補助、研發抵稅、土地釋出等，對庶民創業者與生活者卻難以實用。

基礎預算分配不均，弱勢資源受壓縮

中央與地方的預算安排，往往優先照顧大型建設與形象工程，而非庶民生活所需的基層醫療、社區長照、教育補助、公共交通與租金協助。

法令設計為財團量身打造

從都市計畫到財稅制度、勞基法細則到環保標準，許多政策看似中立，實際卻在保護某些特定利益團體，使庶民失去競爭與生存的基本保障。

三、庶民如何翻轉「政治冷感」為「政治行動力」？

從「被動接受」轉為「主動監督」

- 關注地方預算流向、選區議員投票紀錄
- 訂閱政策追蹤媒體（如沃草、公視 P#、鏡新聞等）
- 使用公共平臺（如「立法院議案系統」、「預算透明網」）了解提案與政策進度

從「選前看政見」變成「平日催問政績」

- 選後持續聯絡民代服務處，提出政策建議或問題反映
- 參與議員與里長的預算說明會、問政成果報告會
- 組織社區監督團體，關注重大開發案與區域政策走向

從「一票投完就結束」走向「持續性民主參與」

- 支持基層公民候選人、社區參選運動、非黨籍監督團體
- 推動公投提案、地方自治條例制定、預算參與式編列
- 教導下一代公共參與素養，建立家庭內的民主討論文化

四、庶民重奪制度主導權的三個行動策略

建立在地民主平臺與公民資料庫

- 建構區域性政策資料整合站，彙整立委、議員投票紀錄與政見兌現率
- 透過 LINE 群組、Telegram 社群建立議題回報與快速動員網路
- 鼓勵年輕人參與社區自治、選務監督與開票觀察員計畫

推動「庶民候選人育成平臺」

- ◆ 為社區青年、女性、勞工、育兒者提供參政訓練、募資協助與政策顧問
- ◆ 支持非典型政治參與者進入地方治理,建立多元背景的代表性

組織行動型選民聯盟

- ◆ 不只在選舉時投票,更在平日集體監督、集體對話、集體發聲
- ◆ 發起「庶民問政計畫」,定期邀約候選人與市民面對面討論真實生活問題
- ◆ 舉辦「政策說人話」活動,讓庶民看得懂、說得出口、參與得下去

五、真實案例:庶民翻轉金權政治的行動實踐

案例一:「透明政治實驗室」

由社會工作者、高中老師與退休公務員組成的社區組織,定期召開「預算審議讀書會」,整理地方建設預算與議員投票紀錄,並出版里民政治觀察年報,向全市公開透明資料。成功推動三項預算被退回重審,並改變市議會公開紀錄制度。

案例二:「菜市場媽媽選民大會」

由一群主婦自發舉辦的庶民政治論壇,邀請候選人在市場現場說政見,並讓民眾現場提問。所有活動過程錄影上傳,並整理「庶民聽得懂」的政見摘要懶人包。此行動成為地方媒體報導焦點,也讓候選人開始正視基層婦女的政策需求。

第十章　資本權力與庶民對抗的策略

> **政治不是菁英的特權,而是庶民的生活工具**
>
> 　　我們常說「政治很髒」,但政治之所以髒,是因為乾淨的人退出了。
> 　　我們常說「政治離我很遠」,但其實最影響你荷包、你住哪裡、你孩子學什麼的,就是政治。
> 　　庶民不是政治的邊緣人,而應是制度的設計者、政策的提出者與治理的共同參與者。當你開始問、開始看、開始監督、開始選,這社會就會開始改變。

第十一章
經濟公義的文化重建

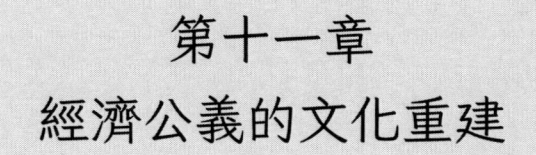

第十一章　經濟公義的文化重建

第一節　貧窮觀的翻轉：重新理解庶民的價值

在許多人的成長經驗裡，「有錢才是成功」、「貧窮就是失敗」、「越努力越應該越富有」這些話語，早已內建成我們對人生價值的評斷標準。然而，當這套邏輯碰上現實世界的貧富差距、階級複製與制度性壓迫，我們不得不重新思考：**貧窮真的是個人不夠努力的結果嗎？**

本節要做的，不是將貧窮美化，也不是否定自力更生的價值，而是要從文化結構出發，探討當今社會如何用錯誤的眼光看待庶民，如何用「財富大小」取代「人價值」，並思考如何翻轉這種內化的貶抑，重建庶民自身的價值感與存在意義。

一、貧窮的汙名化：庶民如何在文化中被矮化？

媒體再現中的偏見與單一敘事

庶民在新聞、影劇、廣告中，常被描繪為「落魄」、「不學無術」、「只會伸手牌」、「勞苦卻沒遠見」。這些刻板印象不僅形成大眾觀感，也讓庶民群體逐漸內化為對自己的否定與羞恥。

教育體制以資本階級為「成功標準」

從小學作文比賽到高中升學輔導，成功者總是那些「年薪百萬、買房買車、有地位」的人物。卻極少有人被教導，用善良、責任、團隊合作、生活能力、社區參與來定義價值。

貧窮被個人化、斷裂了結構理解

當我們說「他沒錢是因為懶惰」，就等於忽略了結構性的障礙：低薪產業、勞權不足、租稅不公、教育資源落差、家庭背景等，**將系統失衡轉化為個人失敗**，這是對庶民最深的二次剝奪。

二、真正的貧窮是資源排除，而非金錢短缺

教育貧窮

無法取得高品質教育，或無法在校園中被肯定，導致技能、知識、機會的結構性落後。

時間貧窮

庶民為了生存長時間工作，沒有餘裕學習、休息、照顧家人或參與社會，陷入「做更多卻改變不了命運」的循環。

關係貧窮

欠缺有力的人際網路、互助社群或社會連結，導致在遇到風險或轉機時，缺乏可以依靠的他人。

心理貧窮

長期被社會評價矮化，自我價值感薄弱，對未來失去希望與行動力，形成貧窮的內在循環。

三、翻轉庶民價值的文化想像

生活能力是一種財富

能煮飯、能修繕、能照顧他人、能有效管理資源、能培養孩子、能處

第十一章　經濟公義的文化重建

理情緒⋯⋯這些被主流社會忽略的能力，正是庶民在不利條件下仍能生存與互助的力量來源。

社區參與是一種影響力

不一定要當企業家才算改變社會，每一次你參與里民活動、陪伴鄰居、協助長輩報稅、幫社區種樹清潔，都是在建構一種真正的基層治理。

照顧他人是一種貢獻

庶民女性長期被社會視為「家務勞動者」，但事實上，這些無酬勞動維持了整個社會的正常運作。若沒有家庭照顧、社區支援，經濟活動根本無法持續。

堅持正直是一種稀有資產

在不公平環境中仍選擇誠實、敬業、互助、不貪不欺 —— 這些價值，在逐漸失控的資本社會裡，更顯得彌足珍貴。

四、庶民如何重建自身價值感？

寫下自己的勞動履歷與生活技能

不是只有大公司才有履歷，每個人都可以盤點自己的生活歷程、處理過的困難、幫助過的人，這些構成你存在於這個世界的具體價值證明。

與他人分享經驗，讓知識流動而非封存

庶民不必等成為專家才說話，只要你經歷過、學會過、跌倒過，你的經驗就可能對別人有用。

組織小型互助社群，讓價值被看見與支持

用生活經驗組成「庶民共學團」、「生活技能交換小組」、「媽媽共養社群」，建立一個肯定、合作、互相強化的支持系統。

支持與參與庶民文化平臺

關注在地創作、小型出版、勞動文學、非主流媒體，將庶民的故事、語言、生活、掙扎轉化為公共話語的一部分。

五、真實案例：庶民文化價值的實踐場景

案例一：「生活技能交換所」

由一群家庭主婦與退休技師成立的社區平臺，每週輪流開設課程，從水電維修、居家清潔、節能技巧到照顧實務、情緒管理，每一位成員都是老師也是學員。他們的口號是：「我們不只是媽媽、伯伯、阿姨，我們是生活專家。」

案例二：「庶民故事創作營」

由非營利組織發起，邀請清潔隊員、外送員、工廠作業員等參與寫作與錄音計畫，讓他們用自己的話，說出自己的生活、夢想與困難。後來出版成書，並在學校巡迴朗讀，改變了無數學生對庶民工作的認知。

第十一章　經濟公義的文化重建

> **翻轉價值觀,就是庶民文化的起點**
>
> 　　貧窮不是恥辱,沉默才是。
> 　　當庶民開始看見自己、說出自己、彼此連結、共享故事,就能逐步拆解這個用金錢定義人價值的社會文化。我們不再只追問「你賺多少錢?」、「你有沒有房子?」,而是開始問:
> - 你曾幫助過誰?
> - 你是否活得正直?
> - 你能帶來什麼影響?
> - 你對這個世界有什麼溫柔與堅持?
>
> 　　當這些問題成為主流語言,庶民就不再是邊緣人,而是這個社會的根基與光芒。

第二節　教育如何再製貧富：庶民如何為孩子打造希望的出口

每一個庶民家庭幾乎都曾懷抱一個信念——**只要孩子好好念書，就能翻轉命運**。這份信念撐起無數清晨五點的早餐、深夜補習的陪伴、壓縮生活開銷也要交出學費的堅持。

然而，隨著教育競爭日益加劇、學習資源不均、升學制度複雜化，越來越多庶民開始發現：**教育不僅沒有翻轉命運，反而強化了階級差距。**

本節要帶你重新審視教育制度背後的階級運作邏輯，揭露學習資源如何不平等分配，並提供庶民可操作的家庭策略與社區行動方案，幫助我們的下一代在不公平的賽道上跑出自己的路。

一、當教育變成複製資本的管道

升學制度與家庭背景的正相關性

根據教育部與學術研究資料顯示，來自高社經家庭的孩子，進入明星高中、頂尖大學的比例遠高於中低收入戶。**孩子的起跑點往往是家長的終點線。**

家中有文化資本（如父母學歷高、閱讀資源豐富）、社會資本（如補教管道、人脈資訊）、經濟資本（能請家教、參加營隊、出國學習）的家庭，能在學業、報名、升學過程中提供大量協助與優勢。

補習、選填、競賽變成隱性篩選機制

在臺灣，升學從來不只靠學校。補習班、私塾、課外競賽、推甄準備、英文檢定、資優營隊⋯⋯這些「額外項目」，在升學與評鑑中成為關

鍵。但對庶民家庭來說，這些都是「負擔不起、時間做不到、資訊不知道」的三重門檻。

學校評價與地區發展高度連動

城鄉落差、都會區與邊陲地帶的教育資源分配極度不均。一所設備完善、老師穩定、課程多元的學校，往往座落於中高收入社區；而資源貧乏的學校則缺師資、缺設備、缺支持。**孩子的未來在還沒入學前就被框定了。**

二、庶民家庭面對的四大教育現實

資訊不對稱：不知道規則怎麼玩

升學制度每年更新、推甄流程繁雜、補助規則模糊，庶民家長常因資訊落後而錯失機會，無法幫助孩子做出最有利選擇。

時間與體力雙重壓力

庶民家長常需長時間工作，缺乏時間與體力參與孩子學習。陪寫功課、參加親師會、申請補助、準備升學文件，這些都變成沉重負擔。

自我懷疑與「無能為力」感

當別人家孩子在練鋼琴、學程式、參加英文夏令營，而自己的孩子只能自己在家寫功課，**父母容易產生羞愧與無能感，進而自我退出教養參與。**

孩子在學校的被排擠與自卑感

家庭資源不足可能導致孩子在學校缺乏補強、沒有才藝、無法參與活動，進而產生自卑、自我否定與學習動機低落的惡性循環。

三、庶民的教育翻轉策略：從家庭到社區的可能行動

1. 從「升學導向」轉向「能力導向」

- 與其期待孩子考上明星學校，不如幫助孩子培養解決問題、表達自己、團隊合作與獨立思考的能力。
- 強調生活應用能力、社交情緒能力與實務創造力，而非紙筆考試成績。

2. 建立家庭共學計畫

- 每週安排一次家庭共學時光（例如：一起閱讀、看紀錄片、寫週記、討論新聞）
- 鼓勵孩子教家長自己會的事，強化孩子的表達與自信
- 設立家庭成長板，記錄學習進步與生活成就，不只看分數

3. 加入或建立庶民共學社群

- 成立「媽媽共備會」、「爸爸陪讀組」、「社區共學班」
- 互相分享教材、考試資訊、資源連結、補助申請經驗
- 合力請外部講師開設免費或共資課程，減少補習壓力

4. 主動運用教育補助與資源平臺

- 善用政府與非營利機構提供的補助、助學金、營隊名額（如教育部、救國團、社福機構）
- 參與國教署開放課程平臺、公視教育節目、免費線上資源（如均一教育平臺）

四、教育制度面改革：庶民可參與的倡議方向

推動教育資源平權法制化

要求教育部將資源投注比重導向弱勢學校，包括師資流動限制、經費保留、社工駐點與家長培力中心設立。

建立家長政策參與平臺

由庶民家長組織與教師合作，定期參與學校課程設計與升學規劃討論，打破傳統由學校單方面主導的運作結構。

倡議升學評價多元化

推動更多技職導向、素養導向、實務專案導向的升學與學習模式，讓孩子的多元表現被看見，而不是只靠分數定生死。

五、真實案例：庶民家庭的教育反轉故事

案例一：「爸爸共學小組」

由七位基層勞工爸爸組成，固定每月開一次共學聚會，邀請學校老師、教育志工分享學習策略與陪伴方法。他們彼此輪流支援接送、陪寫功課與活動參與，孩子升上國中後明顯自信提升，成績也逐漸進步。

案例二：「庶民教育咖啡館」

由一位退休國中老師與社區媽媽合力經營，平日下午開放免費課業輔導、週末舉辦親子共學與升學資訊講座，三年間服務超過 300 戶家庭，成功協助多位學生申請特殊選才入學公立高中職。

教育不該複製階級，而應開啟希望

我們不能再將孩子的失敗歸咎於他們不夠努力，而應勇敢指出制度的不公、資源的不均與文化的排除。庶民有力量翻轉這套體系 —— 從家庭陪伴做起，從社區互助擴張，從制度改革發聲。

孩子不是「未來的投資品」，而是此刻活生生的、值得被理解、被相信、被賦能的生命。

第十一章　經濟公義的文化重建

■ 第三節　媒體如何塑造庶民想像：奢華幻想與真實貶抑

你每天滑手機、看新聞、追劇、刷社群時，可能沒意識到一件事：**你對「什麼叫成功」、「誰才算富有」、「庶民是什麼樣子」的想法，正在被媒體一點一滴地塑造。**

主流媒體並非單純反映現實，它同時**創造現實**。當你不斷看到豪宅開箱、百萬年薪人生故事、投資致富教學影片，你會開始懷疑自己的生活是不是哪裡出了問題。

但問題不在你，而在於**這整個媒體敘事架構早已服務特定階級與消費邏輯**。庶民若無意識地接受這套框架，會逐漸產生自我貶抑、價值迷失與現實疏離的文化焦慮。

本節將拆解主流媒體的三大敘事陷阱，剖析庶民想像被如何扭曲，並思考如何透過庶民媒體實踐與敘事重建，找回真實、尊嚴與價值。

一、主流媒體的三種階級敘事手法

1. 成功等於金錢：單一價值的灌輸

主流新聞與社群媒體熱衷於報導「年薪破百」、「30 歲買三間房」、「科技新貴月入百萬」等成功故事，但這些敘事：

- ◆ 多半未呈現背景條件（家庭資本、人脈、學歷）
- ◆ 忽略制度保障與社會資源所扮演的角色
- ◆ 將成功簡化為個人努力與金錢指標

第三節　媒體如何塑造庶民想像：奢華幻想與真實貶抑

結果是庶民不但被排除在成功敘事之外，還被隱性地指控為「你不努力才會失敗」。

2. 貧窮等於懶惰：道德標籤的內化

當新聞報導基層問題時，常出現以下語句：

- 「他因欠債跑路，拖累家人」
- 「她不肯工作，只會等補助」
- 「低收入戶申請不實，浪費資源」

這類敘事將貧困視為個人責任，忽略結構原因，並將社會支援汙名化，**讓庶民不敢求助、不願承認困境，甚至互相貶抑。**

3. 庶民形象的邊緣化與刻板

庶民在戲劇、廣告、綜藝中的常見角色包括：

- 爆發戶、土豪、暴發戶的笑料來源
- 無知、迷信、粗俗、說臺語的「配角」
- 穿拖鞋、愛占便宜、不懂品味的「反面對照」

庶民在媒體中不是主角，不被認真對待，更不被深度理解。

二、這些敘事如何影響庶民的文化心理？

產生錯誤的比較焦慮

當你不斷看到別人「30 歲存 100 萬」、「25 歲財富自由」，而自己連存款都不敢看時，會產生深層的焦慮與羞愧。但這些比較是建立在不平等基礎上的虛假遊戲。

第十一章　經濟公義的文化重建

讓庶民放棄抵抗，選擇沉默

當主流敘事一再告訴你：「你就是輸家」、「你改變不了」、「別人都能你也該能」，庶民會逐漸內化無力感，不再相信制度可以改變，甚至拒絕參與公共討論。

轉向過度消費來彌補尊嚴感

庶民因為缺乏社會肯定，轉而尋求「可見的尊嚴補償」：名牌商品、炫耀性消費、貸款買車、拚命裝潢。但這些行為往往加重財務壓力，使庶民陷入更深的經濟困境。

三、重建庶民媒體想像的五大行動

1. 庶民說自己的故事，不靠媒體「翻譯」

- ◆ 設立社區影音平臺，記錄基層勞動、生活智慧、家庭故事
- ◆ 發展庶民播客、圖文創作、社群帳號，呈現多元生活樣貌
- ◆ 培養「社區記者」、街頭敘事者，讓第一線經驗直接被看見

2. 挑戰主流敘事，建立集體批判素養

- ◆ 舉辦「新聞拆解讀書會」、「影劇評論工作坊」，分析媒體報導背後的意識形態
- ◆ 設計庶民版媒體識讀課程，傳授看新聞不被洗腦的能力
- ◆ 教導孩子從小培養批判性觀看與對抗社群濾鏡泡泡的能力

3. 扶植庶民創作者與內容生產者

- ◆ 提供低門檻的創作資源：剪輯教學、寫作指導、平臺技術支援

- 推動「庶民敘事補助」、「地方故事計畫」
- 與非營利媒體合作，培養專業庶民報導者

4. 發展庶民觀點的評論與研究機制

- 成立基層生活文化研究團隊，分析與整理庶民敘事經驗
- 發行刊物與年報，提出媒體監督建議與文化再現建議
- 支持基層教育與文化團體的評論內容進入公共領域

5. 重建庶民之間的文化自尊與彼此欣賞

- 建立庶民典範故事庫（如：不靠財富、靠堅持與關係建構成就生活的人）
- 舉辦庶民文化節、生活技能市集、經驗交換論壇
- 在地方博物館、學校課程中納入庶民文化與庶民歷史教學

四、真實案例：庶民媒體實踐的成功經驗

案例一：「山腳下的聲音」播客計畫

由一群高中職學生與在地青年創立，每週邀請當地農夫、司機、社區工作者講述自己的生命故事與工作哲學。短短一年累積超過一萬人收聽，並被大學課程與教師社群引用為「在地生活教材」。

案例二：「生活有感新聞實驗室」

由記者與社福團體合作成立，專門報導庶民經濟議題與社區行動故事。其推出的系列影片引起媒體跟進，也促成相關勞動法案修正的公民討論。

第十一章　經濟公義的文化重建

> **我們不能被媒體想像限制我們的真實人生**
>
> 　　當你開始看見主流敘事背後的操作邏輯,當你願意質疑「為什麼永遠只有一種成功形象被讚美」,你就已經開始翻轉。
>
> 　　庶民不是配角,不是旁觀者,不是可有可無的背景音,而是這個社會最真實、最沉穩、最具韌性的基石。
>
> 　　當我們開始寫自己、拍自己、說自己、記錄自己,就能讓下一代的庶民不再被邊緣、不再自我懷疑,而是昂首站在自己的土地上說:「我就是這塊土地的主角。」

第四節　從炫耀消費到實用選擇：庶民的逆消費美學

你是否曾因手機不夠新款而感到自卑？

是否曾為了參加婚禮、聚餐、出遊而花超過自己負擔的錢？

是否在社群上看到別人買新包、去高級餐廳、出國旅遊，心裡湧上一股焦慮：「我是不是太遜了？」

這不是你一個人的問題，而是整個社會共同陷入的一種**消費焦慮文化**。尤其對庶民來說，當收入有限卻又被主流文化推動著不斷消費，就像在經濟的沙漠裡追逐一場虛幻的綠洲。

本節我們要談的是如何翻轉這場文化戰：從被動接受炫耀性消費邏輯，走向一種**以功能、價值、永續、關係為核心**的「**逆消費美學**」。讓庶民不再為花錢證明自己，而是靠選擇建立主體、自尊與生活品質。

一、庶民被困的「消費陷阱」三重奏

1. 被社群餵養的虛假理想

社群媒體打造了一個視覺過度飽和的世界：

- 朋友出國打卡、限動刷不停
- 網紅「開箱」最新產品、餐廳、穿搭
- 置入廣告以生活化方式滲透我們的欲望系統

第十一章　經濟公義的文化重建

這些訊息傳遞一個隱含邏輯：**你擁有的東西，決定你是誰**。但對庶民而言，這不只是形象焦慮，而是**經濟風險**。

2. 市場刻意營造的「缺乏感」

廣告與商品設計透過以下手法使庶民每時每刻都覺得「不夠」：

- 週週換新品（手機、鞋款、飲料口味）
- 限時限量限色（造成搶購焦慮）
- 舊有物品過早失效（設計性老化）

這些不是真正的需要，而是商業操作下的「感覺需要」。

3. 文化語言中的「貴＝好」、「省＝沒品」

我們的語言裡充滿了貶抑節儉的句子：

- 「不要太寒酸」
- 「拿不出手」
- 「花錢才大方」

這些語言慢慢將「節制」變成負面詞彙，**而將浪費與炫耀誤當作進步的象徵**。

二、什麼是庶民的「逆消費美學」？

逆消費美學不是反對消費，而是建立一種主體性選擇的原則，它的核心不在「花多或花少」，而在於「你為什麼花，怎麼花，對誰有益」。

以下是四個核心信念：

實用為先,功能決定價值

一雙鞋能穿三年,一支手機撐四年,一件衣服歷久彌新,這些都比「當季新品」更有價值。

不為他人目光買單,只為自身需要負責

不再為了別人滿意而消費,而是為了讓生活更穩定、健康與合適。

支持倫理、永續與在地

消費也可成為價值投票。支持小農、庶民品牌、環保商品、無過度包裝,就是讓金錢成為一種改變的工具。

選擇共享、重用與修復而非汰換

打破「壞了就丟」的邏輯,重建「物盡其用、與人共享」的生活態度。

三、庶民逆消費的實踐策略

1. 建立自己的「消費決策表」

- 是否真的需要?
- 有沒有替代方式?(借、租、修、換)
- 可以用多久?
- 是為誰買的?
- 是否造成長期壓力?

將每一筆支出都變成思考與選擇,而非反射與衝動。

第十一章　經濟公義的文化重建

2. 組織「消費共學小組」

- ◆ 舉辦衣物交換日、社區共購平臺
- ◆ 分享修繕技巧、二手資源整合、重製 DIY 課程
- ◆ 建立「生活選品指南」，推薦良心品牌與合理商品

3. 在家庭建立逆消費文化教育

- ◆ 教孩子辨認「需要與想要」的差異
- ◆ 與孩子共做預算表、計劃性消費
- ◆ 鼓勵孩子使用二手書、延用制服、親手製作禮物

4. 使用科技輔助自我監控與集體分享

- ◆ 使用記帳 APP 建立消費紀錄與回顧習慣
- ◆ 加入 Telegram、LINE 群庶民生活情報社群，交換優惠資訊與不盲從購買心得
- ◆ 建立「反炫耀社群」，分享有創意、低成本但高品質的生活方式

四、真實案例：庶民逆消費文化的發芽現場

案例一：「不買日行動小組」

由一群社區媽媽與大學生組成，響應國際「不買日」，每月最後一週不購物，改用交換、借用、自製、修復方式解決需求。並將心得記錄成冊出版。

案例二:「逆設計生活館」

在地創作者聯手打造二手翻修與庶民設計空間,販售翻新家具、重製服裝、改造廢材裝飾,強調「經濟拮据也能過得有風格」。該空間也成為青年低成本創業育成場域。

> **讓消費成為選擇,而不是身分的包袱**
>
> 庶民不是不能花錢,而是要懂得怎麼花、為誰花、花得值得。
>
> 消費不是炫耀的道具,不是比較的武器,更不該是自我否定的證據。當我們重新掌握消費的意圖與方向,當我們能夠以「節制、共享、支持、實用」為主軸打造生活,我們就能從財務壓力中掙脫,也從文化壓迫中獲得自由。

第十一章　經濟公義的文化重建

第五節　文化中的階級審美與庶民美學的重建

你是否曾聽人說過：「這個人很有品味」、「那是土豪的裝潢」、「庶民風太俗」？

你是否因穿著簡單、講臺語、吃路邊攤被貼上「沒水準」的標籤？

你是否發現有些音樂、空間、語言、飲食習慣被當作「高級」，而另一些則自動被歸類為「庸俗」、「沒文化」？

這些不是巧合，而是一種**階級審美邏輯的文化再製**。

審美，不只是個人口味，它是社會如何標記身分、評價價值、建立階級差異的重要工具。

當美學淪為階級篩選機制，庶民的生活樣貌、語言、價值與品味就被排除在「主流文化」之外，甚至被嘲諷、被消音、被掩蓋。

本節，我們將拆解「階級美學」如何透過設計、語言、飲食、媒體形象滲透庶民生活，同時提出庶民美學的重建路徑，讓每一位庶民都能在自己的語境中，活出風格、尊嚴與主體性。

一、階級審美是如何滲透日常的？

1. 語言的分級與去脈絡化

- 臺語常被認為是粗俗、不文雅的語言，國語與英語則代表教育程度與文明象徵

- 客語、原民語、移工語言更被邊緣化，僅在傳統節目或冷門教育中出現
- 講臺語的人常被自動貼上「沒文化」、「基層」的標籤

這不只是語言問題，而是**用語言進行社會分層與文化排他**的機制。

2. 空間與風格的審美標準被壟斷

- 某些住宅風格（北歐簡約、日式無印、極簡白牆）被視為「有品味」
- 而用金邊、大理石、亮面瓷磚、浮雕木雕的裝潢，則被標籤為「土味」、「暴發戶審美」
- 同樣的現象也出現在辦公空間、商店陳設與街景塑造

這些審美判準，**並未根據使用者實際需求或文化脈絡**，而是按照全球化中產階級的價值輸入進行一體化篩選。

3. 飲食與消費習慣的階級化

- 「懂吃的人」吃當代料理、無菜單料理、有機食材、低碳飲食
- 「庶民」吃自助餐、大腸麵線、路邊煎餃、珍奶，卻被認為沒品味、愛吃垃圾食物
- 美食節目強調精緻、限量、打卡拍照，而不是口感、CP 值與生活實用

這些判準不是基於健康或美味，而是身分與地位的象徵工程。

二、庶民為何需要重建自己的美學主體？

審美不該只是欣賞，而是定義自己與他人的方式

誰能說什麼是「美的」、什麼是「高尚的」？這是一種話語權問題。

當庶民無法說自己的話、呈現自己的美、定義自己的風格，庶民就失去文化上的存在權。

美學是一種集體記憶與情感載體

庶民的裝潢、擺設、色彩選擇背後蘊含的不是「審美缺陷」，而是**家族傳承、地方習慣、工藝文化與情感記憶**。

當我們去貶抑這些形式時，其實也是在切斷庶民的歷史與自我。

庶民如果不建立自己的美學，將永遠活在他人的眼光裡

這會讓庶民為了「看起來像某種人」去改變自己、花錢買不屬於自己的東西、失去生活的自在與真誠。

三、庶民美學的重建原則

1. 從生活經驗出發，而非消費標準

- 你的家可以是大紅色窗簾配木質家具，只要你覺得舒服
- 你的穿搭可以是機能褲配手工包，不用非得「性冷淡風」
- 庶民不是要模仿上流，而是讓生活回應實際、功能與情感

2. 從記憶與情感裡尋找形式與素材

- 阿嬤留下來的木櫃、舊電風扇、菜市場買的桌巾，都是庶民文化的一部分
- 不是「舊＝醜」，而是「舊＝歷史與溫度」
- 重建「有溫度、有故事、有根基」的空間與物件美學

3. 從互助與集體中發展美感系統

◆ 社區巷弄的壁畫、眷村自製的花架、老公寓陽臺的雜亂盆栽,是一種「不完美但真實的共同創造」
◆ 美不在整齊一致,而在彼此參與、一起維護、願意留下生活痕跡

四、庶民美學行動指南

建立「庶民風格手札」

記錄自家空間、穿搭、料理、物件的形成過程與背後故事;

分享於社群、社區看板、創作平臺,建立庶民間的美感對話。

舉辦「生活空間公開日」

像「開放工作室」一樣邀請彼此參觀生活空間,打破羞愧、交換靈感、建立認同。

成立「庶民設計合作社」

由工藝師、修繕達人與街坊鄰居組成,提供平價美感服務、材料回收設計與生活提案。

支持在地語言、服飾、裝潢、食物作為審美素材

推動在地設計融入社區空間改造、教育課程與商業文化,讓庶民風格成為公共美學的一環。

第十一章　經濟公義的文化重建

五、真實案例：庶民美學的重建實踐

案例一：「巷口窗簾計畫」

由一群設計系大學生與當地裁縫店合作，採集在地窗簾樣式與居民故事，整理成圖鑑，並辦理展覽與走讀導覽，讓庶民美感重新被看見與尊重。

案例二：「阿嬤的餐桌」文化紀錄

社區志工蒐集在地家庭的日常餐桌布置、菜色、器皿與背後記憶，透過攝影與口述歷史方式出版，並結合學校課程成為地方文化教材。

> **真正的品味，是不抄襲、不模仿、不排斥自己**
>
> 庶民不是「沒有美感」的人，而是「沒有被允許定義美的人」。
>
> 當你開始覺得自己家的木椅有味道、街角的騎樓很迷人、巷口的自製裝飾比咖啡廳有情調，你就正在建立庶民自己的美學語言。
>
> 這個語言不是高級品牌、不是標準語法、不是裝修模板，而是你與生活之間誠實、真實、互助、共享的美感關係。

第十二章
希望的系統設計

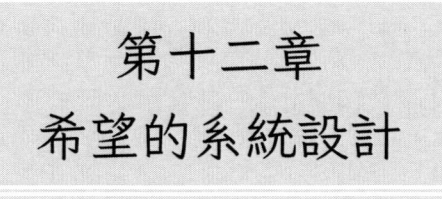

第十二章　希望的系統設計

■ 第一節　庶民繁榮的可能架構：從個體奮鬥到制度設計

在這本書的前面十一章，我們談了太多現實的困境、結構的壓迫、文化的誤導，也談了庶民如何努力自保、反擊與創造微型改變。我們必須問一個根本的問題：

難道庶民的未來，只能永遠靠個人努力硬撐？

如果制度與環境都不改變，再多奮鬥是否只是原地打轉？

因此，本章不再只談「個人戰術」，而要進一步思考：**我們是否有可能集體設計出一個對庶民友善的社會系統？**

本節將從社會設計的觀點出發，整合本書前面提出的庶民痛點與行動提案，提出一套以「庶民繁榮」為核心的系統架構，為這塊土地上的多數人，打造可持續、有韌性、有希望的未來模型。

一、庶民為何需要系統思維？

個人奮鬥有限，制度能量才可規模化

當庶民只能靠自己加班、兼職、省吃儉用來對抗高房價、低薪資、不公教育、醫療負擔時，很快就會面臨體力與心理的極限。但**一個良善的制度能讓每一分努力有更高的報酬率。**

制度的不平等會累積代際傷害

若庶民一代又一代都處在資源匱乏、資訊不對稱、機會不均的狀態，就會形成文化性失落、社會信任崩解與階級固化。這不只是個人命運，而是整體國力的衰退。

真正的繁榮不該只有少數人能享有

若整體經濟數據成長,但九成庶民生活無感,那不是繁榮,而是掠奪。唯有建立一個讓多數人都能穩定生活、獲得尊重與發展可能的社會架構,才是長期穩定的繁榮。

二、庶民繁榮的六大系統要素

1. 可負擔的生活條件

- 建立多元住宅供給體系(社會住宅、合作住宅、自力造屋)
- 控制民生物價與稅負比重,讓基礎開銷不超過家庭收入 50%
- 提供公共交通、教育、醫療、育兒基本保障,讓庶民不為生活所困

2. 穩定且有尊嚴的勞動條件

- 實施生活工資標準而非最低工資
- 推動勞動彈性與保障並存的就業制度(含平臺經濟)
- 落實工會組織權、職場反歧視與工時透明化

3. 可實現的財務規劃與儲蓄制度

- 建立「庶民版退休儲蓄帳戶」,強化小額儲蓄誘因與國家配比
- 擴大庶民金融教育與免手續費帳戶、數位理財輔導
- 推出中低收入者適用的理財保險商品與風險防火牆

4. 公平的教育資源分配

- 教育資源重分配:財源與師資往弱勢地區傾斜
- 建立「庶民升學導航平臺」與「家長合作網」
- 發展非競爭性學習模組(如社會實踐型技職教育、數位共學空間)

5. 可參與的公共治理結構

- ◆ 推動預算參與式編列與政策合作平臺（例如社區開放資料）
- ◆ 建立「庶民代表制」與政策回饋機制，讓基層聲音進入決策體系
- ◆ 法制化公共監督組織（反壟斷、反貪腐、反掠奪性政策）

6. 有文化歸屬感的生活環境

- ◆ 建立庶民文化紀錄與推廣基金
- ◆ 在教育、媒體、設計中納入庶民美學與地方知識
- ◆ 鼓勵在地節慶、語言、飲食、工藝作為文化資本的核心元素

三、庶民系統設計的原則與精神

從需求出發，而非市場主導

庶民系統設計的起點不是「讓資本有效率」，而是「讓生活有品質」。我們要問的不是利潤最大化，而是**怎樣的制度能讓最多人安全生活、穩定前進**。

從參與出發，而非代替決策

真正的庶民設計，不是由上而下地「幫助窮人」，而是**讓當事人有空間參與規劃與執行**，讓政策成為生活的延伸而非指令。

從集體智慧出發，而非單一專家系統

庶民日常累積的經驗是非常寶貴的制度資源，制度設計必須尊重並納入在地知識、庶民工法與生活策略，而非全面學院化或跨國移植。

四、庶民繁榮藍圖的行動架構（簡表）

領域	核心策略	預期影響
居住	多元住宅型態、囤房稅改革、社區自建	減輕租金壓力、強化在地安身
勞動	生活工資、平臺勞動保障、工會自由	增加收入穩定性與勞動尊嚴
財務	庶民儲蓄制度、金融教育普及、低門檻信貸	增強抗風險力與未來規劃能力
教育	資源再分配、社區學習中心、升學合作	打破階級複製、培育多元能力
治理	社區預算參與、民間審議機制、開放資料	增強公民影響力與政策回應性
文化	庶民語言藝術、在地節慶、非菁英媒體	建立文化認同與價值尊嚴

五、真實案例：系統設計如何帶來庶民繁榮

韓國首爾「市民參與預算制度」

自 2012 年開始，首爾市實施「市民預算制度」，每年預算中固定比例（約 900 億韓元）由市民參與提案、討論與表決。這項制度成功提升了社會信任度，也使弱勢社區的公共需求（如無障礙通道、長者活動空間、青年就業支援）被納入正式政策。

其成果說明：**當制度開門，庶民的智慧與需求能被看見，也能轉化為真正有效的公共投資。**

第十二章　希望的系統設計

> **庶民國富，不是奇蹟，而是設計**
>
> 　　真正的制度不是從空中落下的法條，而是人民共同打造出來的生活工具。我們要的不是慈善，而是公平；不是施捨，而是尊重；不是階層固定的社會，而是人人都有機會向前的土地。
> 　　當庶民開始設計自己的制度，建立自己的話語，參與自己的治理，那麼 —— 國富不再只是 GDP 或股市，而是早餐可以吃得安穩，孩子可以安心上學，長輩可以有尊嚴地老去，青年可以自信地築夢。

第二節　生活安全網：建立庶民可依靠的社會保障

當你或家人生病，是否因無法負擔醫療費而延遲就診？

當意外發生，是否發現失去工作後竟無法維持基本生活？

當你年老體衰，是否對未來的生活保障感到徹底無依？

對多數庶民來說，這些問題不是「假設題」，而是每天真實面對的風險。

這些風險不該靠運氣來解決，不該只靠親戚救急，也不該靠網路募款，更不該是一場社會道德綁架。

庶民需要一張實用、穩定、平等、無羞辱的生活安全網。

這不只是社會正義的展現，更是國家治理的根本責任。本節將探討目前臺灣社會保障制度的不足之處，並提出如何建構一套真正以庶民需求為核心的社會安全體系。

一、庶民面臨的五大生活風險斷裂點

1. 健康風險的沉重代價

- 雖有全民健保，但許多昂貴項目（牙科、自費藥、慢性病輔療、長照用具）未納入保障
- 許多庶民為省錢而拖延就醫，造成病情惡化與醫療費暴增
- 對自由工作者與弱勢族群，健保繳納與追繳制度仍具壓力性與懲罰性

第十二章　希望的系統設計

2. 意外失能與家計斷裂的風險

◆　勞保傷病給付過低，職災或重大病痛發生時家庭無力應對
◆　自營與非典型工作者無法獲得職災保障或失能補貼
◆　臺灣社福與保險制度對「非典型庶民」的保障極度不足

3. 老年貧窮與孤立風險

◆　勞保年金偏低，未儲蓄者退休後難以維生
◆　國民年金普及率不足，低收入老人生活仰賴低額補助或子女扶養
◆　失能照顧制度不足，導致高齡家庭照護壓力爆炸

4. 家庭照顧與育兒的疲乏斷層

◆　托育資源不足、補助複雜、社區機構稀少
◆　多數照顧勞動無酬且缺乏制度補償（如家庭主婦、家庭看護）
◆　幼兒照顧與高齡照顧往往壓在同一代庶民家庭身上，造成雙重壓力

5. 臨時經濟斷裂時的救助無力

◆　低收入戶資格門檻過高，急難救助流程繁瑣且容易被標籤
◆　很多庶民因為不夠「窮」而無法申請，但生活早已超過負荷
◆　目前救助多為一次性、短期性，難以支撐真正重建生活的過程

二、庶民友善的生活安全網設計原則

1. 無羞辱給付：幫助不等於施捨

- 所有保障應以「權利」而非「補貼」為定位
- 拒絕條件過嚴、羞辱式審查（如戶籍調查、資產交叉比對、家庭訪視）
- 政府需公開告知申請流程、權益與反駁機制，確保當事人尊嚴

2. 風險前置而非事後補洞

- 強化預防型保障設計（如疾病前管理、失業前培力、育兒前支持）
- 建立動態調整給付制度，依據生活指數、地區物價與家庭結構即時更新補助內容
- 鼓勵「小額但全面」的常態性給付取代「高額但限少數」的競爭型救助

3. 制度整合與申請簡化

- 整合健保、勞保、國保、社福補助系統，建立單一庶民服務窗口
- 以身分證字號為基礎，自動比對資格與主動通知申請權益
- 將現有資源整併為「生活安全帳戶」概念，由庶民可自由調度使用（如托育、醫療、租屋）

4. 照顧者即是被照顧者

- 建立「家庭照顧者津貼制度」與勞保職業納入制度
- 提供照顧替代支持（如社區喘息服務、照顧假保障、彈性工時協助）
- 強化長照 2.0 制度財源與人力，提升長照工作的尊重與穩定性

三、庶民友善社會保障的六大設計方向（建議方案）

領域	政策方向	效果預期
醫療	擴大自費項目補貼、健保繳費彈性化、社區健康站	降低庶民就醫門檻與壓力
失能	自營者納保制度、職災全保障、緊急生活援助金	降低家庭因事故陷入困境風險
老年	庶民年金強化、公立照護系統擴張、長照保險推進	提升老年生活穩定性與安全感
育兒	托育公共化、現金＋服務雙軌育兒補助、家長支持中心	減少育兒孤島現象，提升出生意願
急難	建立自動化救助模型、增加中間階層扶助機制	解決「不夠窮無法申請」的制度斷層
照顧	家庭照顧者職業認定、照顧假制度入法、社區喘息體系	支持女性與基層照顧者從隱形轉為制度化主體

四、真實案例：庶民安全網實踐行動

案例一：「你不孤單生活支持計畫」

　　由地方社福機構、醫療單位與社區教會共同發起，針對邊緣庶民族群（如單親、臨工、老人獨居）提供月度訪視、健康快篩、緊急金援、庶民醫療諮詢，三年內服務超過兩千人，並促成地方政府建立「弱勢家庭即時通報與回應平臺」。

案例二：「庶民家戶健康計畫」

　　由基層醫師與里長合作，透過「行動健康車」巡迴社區與工業區，為長期不就醫者提供初步篩檢與衛教，並串聯健保資料庫與社福系統，主動篩出高風險家戶，協助申請醫療補助與照顧資源。此計畫後來被擴大為市級政策「庶民健康網」。

第二節　生活安全網：建立庶民可依靠的社會保障

安全，不該是特權，而是每個人的基本生活條件

生活安全網不是「給最慘的人撿剩的」，而是要讓所有人都能在風險來臨時，有東西可以撐住，有人可以依靠，有制度能保護。

庶民不需要華麗的制度宣傳，只需要在生病時有醫生、在失業時有喘息、在年老時有尊嚴、在育兒時不孤單。

當這些條件成為基本，而非奢侈，庶民就真正有了站穩生活、邁步向前的力量。

第十二章　希望的系統設計

■ 第三節　地方政府的角色與基層治理新思維：讓庶民繁榮落地的關鍵力量

如果你問庶民一個問題：「你覺得政府離你有多遠？」

多數人會回答：「很遠。好像永遠只是新聞裡的那個誰誰誰。」

而這個距離，正是庶民在日常中無法獲得制度支援與政治回應的主要原因。

很多人以為決定庶民命運的政策，都是中央政府的事，但實際上，庶民每天遇到的問題──垃圾怎麼清？孩子去哪裡托育？爸媽看病要排多久？有沒有公園可以坐？巷弄安不安全？水溝會不會淹？這些通通都與地方政府息息相關。

本節要討論的核心觀念是：庶民國富，不可能只靠中央單一政策推動，而必須仰賴地方政府成為制度落實的第一線、生活治理的策展人、以及社區韌性的守護者。

一、為什麼庶民政策的落實關鍵在地方？

1. 生活細節是地方政府的日常職責

- 地方決定：學校午餐採購、社區醫療據點分布、圖書館開館時間、街燈維修速度、交通路線設計
- 地方也能創新：自訂老人福利、育兒津貼、社區營造、社區大學課程、在地文化節

庶民的每一個小困難，幾乎都有地方政府可以回應的空間。

2. 在地條件差異大，不能只靠中央一套制式政策

- 臺北的交通需求與屏東的完全不同
- 離島醫療、山區教育、都會托育，每個區域都有其特殊性
- 地方政府更接近問題現場，有條件發展因地制宜的創新解方

3. 地方治理是民主深化與庶民參與的最佳起點

- 民眾較有機會接觸市議員、鄉鎮長、村里長，參與政策討論
- 較容易組織社區自治組織與合作平臺
- 民間團體與市府合作空間較大，可發展「共治」模式

二、庶民友善的基層治理四大原則

1. 由下而上的生活需求導向

- 政策制定不是「為民做主」，而是「問民所需」
- 透過在地訪談、居民大會、社區共學等方式進行需求盤點
- 執行前中後皆納入使用者意見（包含長輩、兒童、身障者）

2. 社區即治理單位

- 支持社區成立「生活治理小組」處理交通、照顧、教育、休閒等議題
- 政府提供人力與資源合作，非取代社區決策，而是成為支持者
- 地方預算撥款應設有社區參與門檻與優先補助社區主導提案

3. 跨局處整合治理而非分割職權

- 庶民的問題往往涉及多個局處（例如：長照＋交通＋社區營造）

第十二章　希望的系統設計

- ◆ 成立「跨局處治理中心」或「庶民事務統合窗口」協調與加速資源整合
- ◆ 鼓勵成立專案型跨部門工作團隊而非永遠由單一局處承擔

4. 用數據說話、以透明贏信任

- ◆ 所有地方預算、政策成果、補助申請一律公開透明
- ◆ 設立地方開放資料平臺，鼓勵居民以數據監督與參與討論
- ◆ 發展公民預算機制，讓庶民參與分配部分地方資源

三、庶民治理可以怎麼做？具體實作模型

領域	在地治理設計	實際效益
教育	社區共辦課後照顧、社區大學與高齡共學	減輕家庭負擔、延伸學習網
醫療	行動醫療車、社區健康站、地方衛生所整合	降低就醫門檻、促進預防性健康管理
勞動	社區就業媒合站、再訓練共學平臺	增強在地就業機會、強化轉職能力
照顧	社區喘息中心、互助照顧圈、長者共享廚房	紓解家庭壓力、提升長照品質
治安	智慧巷弄感應系統、夜間巡守計畫	提升社區安全感、強化居民連結
文化	巷弄藝術祭、口述歷史館、在地生活博物館	提升認同感、培養社區故事敘事者

四、真實案例：庶民治理如何翻轉生活

案例一：「社區照顧一條龍計畫」

地方公所與社區發展協會合作，建構「幼老共照模式」——由社區長輩協助托育小孩，同時享有長照資源與課程學習，並結合里辦公處提供廚房空間作為「庶民共食據點」。此模式不但降低托育與照顧成本，也促成社區成員跨代互助與熟識。

案例二：「行動治理巴士」

為解決偏鄉居民反映政策不易、資訊傳遞困難等問題，政府推出「庶民治理行動巴士」，定期駐點各鄉鎮，由各局處代表親自到現場與居民對話、解說政策、處理陳情。此舉有效建立地方信任度，並提升居民參政與監督能力。

> **讓地方成為庶民希望的起點**
>
> 中央政府可以立法、編列預算、擘劃方向，但能真正理解庶民生活困難、提出實用解方的，是每天接觸居民、熟悉社區巷弄與在地需求的地方治理者。
>
> 地方不是邊陲，而是實踐民主與制度創新的第一線。庶民不是被治理的對象，而是治理的共同創作者。
>
> 當地方政府願意聽見庶民、學習庶民、與庶民共同設計政策，那麼繁榮的種子，就會從巷口、學校、里民活動中心、社區廚房裡慢慢發芽。

第四節　公共財再分配的庶民模型：從財源到分配的公平邏輯

你知道政府的錢從哪裡來，又花到哪裡去嗎？

你是否曾經懷疑，為什麼我們每天繳稅，但生活卻不見改善？

你是否覺得資源永遠集中在財團、科技園區、大型建設與市中心，而邊陲地區、社區小店、庶民日常卻被遺忘？

這一切問題的根源，就在於：**公共財的取得與分配機制，長期以來並不公平，甚至默默為既得利益服務，而庶民的需求與聲音，從未被納入這套財政運作的設計邏輯中。**

本節將從臺灣現行公共財分配的三大斷裂點談起，進而提出一套以庶民為主體的公共財再分配模型，並透過實例展現：**庶民如何爭取公共財主權、參與預算運用與監督分配機制，真正落實「我們的稅，我們來決定用在哪裡」。**

一、公共財的三大庶民斷裂點

1. 稅收負擔集中在庶民階層

- ◆ 多數庶民透過薪資所得、自用消費、房租支出等形式承擔稅負
- ◆ 反觀資產階層可透過避稅、抵稅、境外資金轉移等方式規避負擔
- ◆ 最終形成「繳最多的是最窮的、享最多的是最富的」的弔詭現象

2. 預算分配偏向特定產業與都會資本

- 地方政府財政依賴建設補助與招商政策,導致預算優先分配至科技園區、企業投資案、大型公共工程
- 社區服務、在地托育、老舊社區維護、弱勢醫療常遭到邊緣化
- 庶民繳的稅,往往被花在庶民難以使用或無法受益的場域中

3. 預算制度封閉,庶民無參與權

- 預算案由官僚與民代密室協商,庶民難以理解、也難參與
- 缺乏透明公開與討論平臺,導致重大預算案如捷運、BOT、招商計畫常跳過民間監督
- 對於多數庶民而言,預算只是「新聞裡的數字」,而不是可以參與與影響的制度工具

二、庶民視角的公共財再分配模型

1. 稅收公平化:誰受益,誰多付出

- 調整資產階層稅制,落實資本利得稅、不動產囤積稅、重啟遺產稅正義
- 擴大中低收入戶免稅與扣抵空間(如教育支出、照顧支出、社會參與支出)
- 設立「庶民稅負壓力指標」,作為年度稅改基準參考工具

2. 社區財源保障:預算下沉到生活第一線

- 地方政府預算中設置「基層生活支出保障額度」(如社區托育、巷弄維護、照顧點、社區廚房)

第十二章　希望的系統設計

- 中央補助款比率與效益指標重新設計,避免「拼建設」導向
- 成立「庶民公共財基金」,專款用於庶民生活品質改善方案

3. 參與式預算制度:讓庶民決定資源流向

- 所有鄉鎮市至少提撥年度預算 5%以上,透過社區居民會議決定用途
- 建立「預算學習平臺」,簡化預算說明語言,讓庶民可讀、可參與
- 成立「預算提案小組」與「公民審查委員會」,保障庶民代表席次與監督機制

4. 公共資產使用透明化與回饋機制

- 所有公有地、公設、政府持股企業需公布經營報告與社會回饋方案
- 地方公產出租收益回流社區(如市地重劃案土地收入分配)
- 建立庶民參與式監督平臺,審視 BOT 案、招商案與用地變更案的實質庶民受益比

三、庶民主權下的公共財分配範例(設計簡表)

資源類型	分配原則	庶民實益
稅收	能力課稅,減免庶民負擔	每月可支配所得增加,減少貧窮循環
土地	公有地利益回饋在地居民	推動社會住宅、自建社區、托育點設立
教育	預算傾斜弱勢校與社區校	提高學習資源可近性,打破階級複製
醫療	醫療點布設依生活區域與年齡比配置	減少看病時間與交通成本

資源類型	分配原則	庶民實益
能源	再生能源收益回饋在地社區	降低用電費用、建立能源共管模式

四、真實案例：庶民如何參與預算分配與監督

案例一：「預算參與平臺」

政府推動「參與式預算實驗案」，由居民投票決定社區公共預算的使用項目。居民透過議題工作坊、共學平臺、街頭討論，決定將預算投入巷弄照明改善、社區共學空間設置、老人共食廚房升級等。該案也促使區公所提升資訊透明度與合作能力。

案例二：「公有市場回饋基金」

政府在整修第一公有市場時與攤商協調，將部分租金收入設立「庶民回饋基金」，用以補助攤商第二代創業、維修公設、舉辦庶民飲食文化節等行動。此一舉措成功凝聚社區認同感，並提升公有資產的在地共享價值。

庶民的公共財主權，不該只是美麗口號

如果我們不參與，預算就永遠不會照顧我們；如果我們不監督，公共財就會變成財團的提款機。

庶民國富，不只在於收入的增加，更在於制度對我們的承認與分配的公平。讓資源流向需要的人，讓錢花在真正改變生活的地方，是我們對制度的最低要求，也是對未來的最大期許。

第十二章　希望的系統設計

第五節　庶民未來想像：共好社會的 14 個日常場景

當我們談庶民國富，不只是 GDP 數字上的成長，也不是某個政策報表上的 KPI 達成，而是每一位庶民在日常中都能**真正感受到生活的改善、尊嚴的回復與選擇的自由。**

所以，讓我們不談理論、不談模型，也不再談制度，而是邀你一起走進未來的一天，用 14 個庶民生活的具體片段，描繪一個真正可感、可親、可實現的共好社會樣貌。

以下，是你（我們）的未來一天──

清晨六點，菜市場裡的第一道光

王媽媽推著市場推車，走進整修一新的社區市場，這裡是市府與在地攤商協會共管的「庶民飲食基地」。她用數位食材卡買了早晨特價組合，一旁有學校合作的「營養標示專區」，讓她為孫子挑菜更安心。

她買完菜後，順道去市場後方的「共食廚房」，與鄰居們準備中午要送給社區長輩的便當。

上午七點，學校門口的擁抱

陳爸爸在家附近的「公托共學園」送小孩上學。這是社區合作設立的庶民型公托機構，由年輕爸媽與長者共管，政府提供人力與補助，家長參與教案設計。他們互相打氣、交換便當盒、分享生活雜事，這裡比補習班便宜，卻多了熟人與安全感。

上午八點半，行動健康站的第一個問診

劉先生剛結束夜班，前往巷口的「行動健康小站」量血壓與快篩血糖。社區醫師每週定時駐點，協助長工時工作者維持健康紀錄與衛教，健保卡掃一下就能使用。這裡也是社區健康管理計畫的一部分，異常數據會主動提醒就醫。

上午十點，巷口圖書館的悄悄聲

林阿姨坐在「庶民行動圖書車」的車尾，翻閱新出版的長照知識小冊子。這輛書車每天在不同社區停留三小時，提供老年讀物、有聲書與法律諮詢。她也順道參加下午的「口述歷史寫作班」，要把她和市場的故事寫下來給孫子看。

中午十二點，共餐桌上的熟人笑聲

在社區發展協會，來自不同背景的庶民聚在一起共餐。便當由社區廚房與青少年培訓廚師合作製作，價格低廉、營養均衡，且用在地食材。飯後大家輪流打掃、聊天，這裡比孤單吃外食多了一份心安。

下午一點半，自學空間裡的青春眼神

高中生佩儀在「社區共學站」裡用開放教材學習影像剪輯。這個共學空間提供免費網路、線上課程、二手設備、志工老師與社區導師對接。她不再迷惘升學制度，而開始認真思考自己要成為什麼樣的大人。

下午三點半，騎樓下的銀髮教室

在老郵局改建的「庶民共學館」，幾位阿公阿嬤正在學習用平板看診、繳費與線上聯絡家人。講師是來自社區高中的志工學生。銀髮與青春互助，是這個社區的日常場景。

第十二章　希望的系統設計

下午五點，庶民理財相談所的溫暖燈光

王先生下班後到市圖二樓的「庶民理財相談所」，這裡提供免收費的財務諮詢、節稅建議與補助申請輔導。他正計劃明年開一間小早餐店，社區財務顧問正在幫他申請青年創業補助與庶民信貸方案。

傍晚六點半，夜市裡的互助經濟圈

夜市裡不再只有買賣，還有「庶民交易時段」——每天六點到八點是社區認證的「公平價時段」，攤商與居民協議穩定價格、回饋點數機制與菜價揭露平臺。這是市府、攤商會與居民共創的價格正義合作社制度。

晚上八點，公園裡的民主對話圈

社區公園不只是散步場域，更是每月一次的「庶民參政日」舉辦地點。居民在這裡參與下年度預算討論，決定哪條巷子需要修補、哪裡應增加照明、哪一棟公宅要設置兒童空間。提案人可以是任何一位居民，政府官員需親自回應並列入審議日程。

晚上九點半，庶民平臺上的城市預算直播

林小姐下班後打開「庶民治理平臺」，參與直播中的市議會預算審查會議。她一邊吃飯一邊留言：為什麼文化預算不納入社區劇團？這則留言在隔天市府新聞稿中出現，表示將納入評估。她感覺自己不是個無力的市民，而是決定城市的人。

深夜十一點，巷弄裡的燈光沒關

一位送貨員下工後走入「庶民夜光站」，這裡提供 24 小時休息座位、熱水、微波爐與免費 WIFI。他不再需要在便利商店外匆忙吃飯，這個空間由在地青年設計、市府補助、社區守夜志工輪值，是深夜庶民的臨時客廳。

週六上午,「阿爸共學團」的男聲響起

在國小操場,一群爸爸正陪孩子做機械課題。他們不是老師,是由家長自組的「庶民爸媽共學圈」,每週輪值主題,從煮飯到修理家電。教育不是只有學校的事,是社區與家長共同建構的未來基地。

週日下午,文化廟埕上的表演與掌聲

在地方宮廟前,社區自組的「庶民生活劇場」上演《我們的巷子有故事》。這齣戲改編自街坊居民的真實經歷,由清潔隊員、外送員、攤商小孩共同演出,演完後大家圍坐喝茶、分享故事與夢想。

未來的日常,是每一個庶民被好好對待的開始

這 14 個場景,不是烏托邦,不是天方夜譚,而是我們真正可以朝向的方向。它們並非來自某位大政治家的口號,而是來自每一位庶民的願望、提案與參與。

庶民國富,不是結束,而是起點。

我們需要的不只是政策設計,而是一種全新的社會共識與行動能量:

讓庶民成為設計未來的主角,而不只是命運的承受者。

庶民國富,庶民自己來

如果這世界已經不是為我們設計,那我們就重新設計世界。這本書,是一把地圖,也是一面鏡子,幫助你看見這個社會的結構、制度、陷阱與希望。但最重要的是 —— 它想告訴你,你不是孤單的庶民,而是這個國家的根、這個時代的重心、這個世界的再造者。未來,不會從上而下降臨。它,將從你我手中一點一滴種下。

第十二章　希望的系統設計

第十三章
社會階層與財富轉移

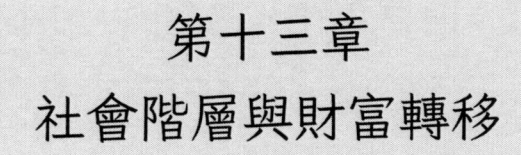

第十三章　社會階層與財富轉移

■ 第一節　財富集中現象的歷史與現況

你是否曾問過自己：為什麼我每天努力工作，財產卻沒增加？

而那些在社群媒體上晒出遊艇、豪宅與精品的人，他們到底是怎麼擁有這一切的？

這不是你的錯覺。**我們正處於一個財富集中速度前所未有加快的時代。**

從十九世紀的工業資本主義，到二十一世紀的數位壟斷與金融資產膨脹，全球財富的分布從來就不是平等的。但今天的差距，比我們想像的還要驚人。

一、歷史上的財富集中如何形成？

1. 從封建地主到工業資本家

中世紀的歐洲社會結構以土地為主，封建領主擁有絕大部分的土地資源，農民則終身租地、勞動與交稅。這種結構直到十八世紀資本主義興起才出現改變。

工業革命後，財富開始轉向生產工具與企業股權的集中，出現了所謂的「資本家階級」，如英國的煤礦主、美國的鋼鐵王與鐵路巨頭（如卡內基、洛克斐勒、范德比爾特）。這些人的資本來源不再是土地，而是**技術壟斷、產業規模與政治影響力**。

2. 殖民主義與全球資源掠奪

歐洲列強在十九至二十世紀進行全球殖民活動，不僅掠奪人力、資源，也建立了國際貿易中對自身有利的制度。這讓西歐與北美的資本家可

以透過低成本的殖民地原料與勞工,迅速累積驚人的財富。

殖民主義是一種跨國的財富轉移機制,讓**特定少數國家與家族永遠坐在金字塔頂端**。

3. 兩次世界大戰與財富重組

一戰與二戰雖讓許多國家元氣大傷,但也為特定產業帶來轉機。美國在二戰後崛起成為世界工廠,並建立以美元為核心的國際金融體系,讓**軍火工業、能源巨頭與銀行財團累積了空前的財富與影響力**。

同時,這也是跨國財團正式登上全球舞臺的起點。

二、當代的財富集中:從股市到矽谷

1. 金融資本的爆炸性成長

根據世界不平等報告(World Inequality Report, 2022),自1980年代以來,全球1%最富裕族群所擁有的財富占比快速上升。特別在美國,前10%持有超過70%以上的股票與金融資產。

這一現象背後關鍵是:**金融市場報酬率遠遠高於實質薪資成長率**,也就是說,有錢人靠投資變得更有錢,庶民靠勞力卻無法翻身。

2. 科技巨頭的資產膨脹

2020年後,全球前十大富豪中有超過一半來自科技產業,如伊隆·馬斯克(Elon Musk)、傑夫·貝佐斯(Jeff Bezos)、拉里·佩奇(Larry Page)等。他們的資產並非來自工廠、土地,而是來自**平臺壟斷、演算法專利、使用者資料與雲端基礎設施控制權**。

以Amazon為例,該公司在COVID-19疫情期間大幅成長,而貝佐斯

311

第十三章　社會階層與財富轉移

個人財富也在短時間內暴增，反觀基層倉儲員工卻承受超時工時與勞動條件惡化的現實。

3. 房地產與租金經濟的擴張

在臺灣與許多城市，房地產早已不是「居住」的手段，而成為**資本增值與財富儲存工具**。據 2023 年資料，臺灣前 5%的高資產族群持有全國超過四成的不動產，而房租支出成為庶民生活負擔的第一大開銷。

這也說明：**當一項基本需求（住房）被金融化後，它就不再是人權，而是資本的賭場。**

三、財富集中對庶民的影響

1. 社會流動門檻升高

當財富集中時，教育、醫療、人脈、地段等資源也跟著集中，讓庶民即便再努力也難以進入特權階層的生活圈，進一步造成階級固化。

2. 民主制度被架空

資本可透過政治獻金、媒體投資與遊說影響政策方向，導致真正代表庶民的法案難以推動。選舉結果也可能不再反映人民多數，而是金主意志。

3. 文化與審美的階級化

從美食、時尚、住宅風格到旅遊方式，富人所建立的文化標準逐漸主導主流價值，庶民若無法消費，就被視為「落伍」、「失敗」、「缺乏品味」。

四、真實案例：財富集中如何牽動庶民命運

COVID-19 疫情期間的財富與貧窮拉鋸

根據 Oxfam 國際組織報告，2020 至 2022 年間，全球前十名富豪的財富總額翻倍成長，而同期間全球數億人生活陷入貧困。以臺灣為例，疫情期間科技業與出口業獲利倍增，但餐飲、臨時工、旅遊與攤商勞動者卻紛紛失業或負債。

這說明即便同樣面對危機，**庶民與資本階級所處的世界與防禦力完全不同**。

> **貧富差距不是命運，而是制度選擇的結果**
>
> 財富集中不是天經地義，它是歷史、制度與政策刻意設計下的結果。如果我們不認識這些設計、不質疑這些機制、不重寫這些規則，庶民就永遠只能在「自責與努力」中原地打轉。

第十三章　社會階層與財富轉移

■ 第二節　富人如何管理他們的資產？

在財富差距日益擴大的今天，一個關鍵問題是：**富人如何不但能賺到錢，還能守住財富、世代傳承，甚至在經濟波動中不跌反漲？**

他們真的只是更聰明嗎？還是，他們使用的工具與策略，根本和我們活在不同的經濟世界裡？

本節將揭開富人資產管理的三大核心思維與五種實務工具，讓庶民看懂「有錢人怎麼思考、怎麼規劃、怎麼傳承」，也從中思考：**庶民是否能借鑑其中的策略，打造符合自身條件的財富守護機制？**

一、富人思維與庶民思維的根本差異

項目	富人思維	庶民常見思維
資產來源	資本性收入為主（股息、租金、資本利得）	勞務性收入為主（薪資、時薪）
財富配置	分散、避險、多元投資	集中、單一來源、高風險
財務決策	規劃傳承、結構節稅、長期報酬	著眼短期、無結構規劃
投資邏輯	控風險、靠系統、槓桿資源	拼報酬、靠運氣、單打獨鬥

這不只是知識落差，更是制度支持下的差距。

二、富人管理資產的五種常見策略

1. 資產類別分散（Asset Allocation）

富人會將資產分配於多元類別：不動產、股票、債券、私募基金、黃

金、藝術品，甚至是加密貨幣或境外資產。這些配置並非隨意選擇，而是透過風險分散原理來避免資產同時縮水。

而庶民往往將所有儲蓄壓在一間房、一支股票或一家保險公司，當市場波動來臨，風險無從化解。

2. 信託制度與家族辦公室（Family Office）

許多高資產家族會成立「家族辦公室」，結合法律、稅務、理財與風險控管等多元功能，專職管理家族財富。信託制度則可設定資產給付對象與條件，避免資產分散與爭產風險。

舉例來說，臺灣不少企業主會以信託設計子女領款年限、婚姻狀態與人生階段，確保資產代代相傳不被揮霍。

3. 節稅與資產轉移結構

透過贈與信託、公司名義持有、不動產分割、海內外帳戶配置，富人可以合法地降低稅賦。例如：將資產切割為不同公司名義、使用股權增資方式、設立開曼公司等，皆是高資產階級的標準手段。

這些手段需要高度法律、稅務與金融知識，也反映出臺灣目前制度對中產階級不夠友善：有資源的人能合法避稅，庶民卻連所得稅都無從扣抵。

4. 再投資與滾利系統

富人不會將收益提領出來消費，而是設計「收益再投資」機制，讓資產自動增殖。例如：股息再投入、租金再購屋、基金配息再加碼。他們將資產視為生產工具，而非獎勵工具。

庶民則往往在資產一小漲時就變現使用，結果無法創造長期的複利效應。

第十三章　社會階層與財富轉移

5. 建立風險防火牆與法律保護結構

　　高資產者會設立多層結構將資產與個人責任切割，如法人控股、財產分離信託、債權債務隔離等，即使面對事業倒閉或法律糾紛，也能保全家庭主要資產。

　　這樣的制度不僅降低風險，更保障世代傳承不會因個人危機而中斷。

三、庶民能從中學到什麼？

　　雖然上述策略大多設計給高資產者，但庶民仍有以下幾點可借鏡：

- **開立多個資產帳戶**：即使資金有限，也可設立「消費帳戶」、「緊急帳戶」、「儲蓄帳戶」與「投資帳戶」分開管理。
- **設定財務條件與目標**：像信託一樣，你可以為自己設定「儲蓄達到某金額後才投資」、「收入達標才升級消費」。
- **理解稅制與補助**：不要只是「交稅」，也要學會「節稅」，善用特別扣除額與免稅門檻。
- **使用社群與合作資源**：庶民可以透過共學、互助、理財小組等方式降低知識門檻，共同建立微型家庭辦公室概念。
- **為未來立約立志**：寫下自己對財富的價值觀、家庭成員的財務共識，這也是一種庶民版的家族憲章。

第二節　富人如何管理他們的資產？

庶民不是不能學，而是從未有人教

富人的優勢不是智力，而是制度加上傳承的知識與資源。而庶民真正需要的，不是照抄富人，而是理解他們「如何使用制度」、「如何規劃人生」的方式，然後轉譯成適合自己當下條件的策略。

這就是庶民經濟學的關鍵 —— 不是讓你變得一樣有錢，而是讓你更有主權地掌握自己的金錢與命運。

第三節　傳承與課稅問題：稅法與階級的角力現場

你可能聽過這句話：「人死不能帶走一分錢。」

但在現實社會中，**有錢人卻能讓財富死而不散，甚至越傳越多。**

這不只是因為富人懂得規劃，而是因為**現有稅制存在諸多漏洞，讓資產可以合法避稅、順利移轉，進而讓階級穩固化，代代不變。**

本節將探討財富傳承過程中的課稅制度問題，分析稅負公平與實施難題，並探討庶民視角下的改革方向與公義期待。

一、遺產與贈與稅的設計初衷

遺產稅（estate tax）與贈與稅（gift tax）是現代稅制中少數**針對財富集中與階級再製設計的稅目**。其目的是：

◆ 降低資產無限累積與家族壟斷
◆ 促進財富在世代間的合理流動
◆ 提供政府財政收入以強化社會投資

如同經濟學家湯瑪斯・皮凱提（Thomas Piketty）所強調的：「若沒有稅收與社會投資制度，資本的回報速度將永遠高於勞動所得的成長速度，導致不平等持續擴大。」

二、現行制度為何無法達成目的？

1. 實際稅率遠低於名目稅率

以臺灣為例，雖然遺產稅的最高稅率為 20%，但實際上，由於多項扣除額與「專業節稅規劃」，**大多高資產階層僅繳交不到 10% 的實際稅率。**

此外，若資產早在生前分批贈與（每人每年免稅額 244 萬元），再搭配信託或法人持有，則實際課稅更低。

2. 高資產者避稅工具多樣

◆ 海外資產申報困難（如境外公司、不動產、加密貨幣）
◆ 使用人頭帳戶或跨國信託規避課稅
◆ 採公司股權移轉代替現金贈與，避免稅收揭露

這讓許多真正有龐大財富的家族，幾乎不受課稅影響，反而是中產階級的小額房產、小筆儲蓄，成為稅制唯一有抓到的「目標」。

3. 社會氛圍與政治阻力

每當討論遺產稅調高或改革，經常會被標籤為「反企業」、「傷害成功者」、「不利投資環境」，這些觀點多由財團媒體與利益團體操作，使政策推進困難。

而庶民的聲音，在財稅議題上幾乎無法進入政策形成舞臺。

三、真實案例：跨國避稅與臺灣落差

巴拿馬文件揭露的超級富豪資產移轉

2016 年，巴拿馬文件（Panama Papers）揭露超過 21 萬家公司在避稅天堂運作，包含多位國家元首、名人與企業主。這些資料證實：**避稅是高資

產階級的「基本選擇」，不是例外。

而臺灣部分家族企業早在 1990 年代就將資產轉移至香港、新加坡、英屬維京群島等地設立家族信託，導致臺灣稅收損失與資本失血，卻始終缺乏有效制度回應。

四、庶民如何面對傳承課稅的雙重壓力？

資產少、卻稅負高

庶民家庭多以「房產」作為唯一資產，若房價膨脹導致遺產總額超過扣除額，即使生活不寬裕，也需繳納一筆可觀的遺產稅。

現金不足、房產難繼承

許多家庭因無法即時籌措稅金，選擇賣房應急，反而使下一代失去唯一的庇護所，導致**從擁有轉為無產，陷入再一次的財富斷裂**。

資訊不對稱，權益被侵蝕

多數庶民家庭對稅法理解不足，無法進行最基本的傳承規劃，也不懂得申請相關減免或撫卹措施。

五、如何打造公平又可行的財富課稅制度？

建議方向	具體措施	庶民效益
強化高資產課稅	對巨額贈與與海外資產課徵「最低稅負制」	減少避稅空間，促進財富再分配
提升資訊透明	強制揭露境外信託與跨國資產	增加政府稅基，提升庶民信任感

建議方向	具體措施	庶民效益
保護小資產繼承	提高基本扣除額、房產專案減免	減輕庶民繼承壓力,保住唯一財產
推動「課稅教育」	國民教育納入稅務常識與傳承規劃	強化庶民財稅素養,提升政策參與

課稅不只是收錢,更是制度正義的展現

當財富可以自由地流動、傳承與增值,而稅制卻只對中產與庶民有效時,那麼稅法就不再是公平的工具,而成為鞏固階級差距的結構性手段。

庶民需要的不只是「課多少稅」的爭論,而是「為什麼這些稅總是課在我們身上」的覺醒。

第四節　財富重分配政策探討：從口號到行動的制度改革

當一個社會的財富高度集中，而大多數人只能在基本生活邊緣掙扎，必然會產生一個問題：

國家有責任重新分配財富嗎？如果有，要怎麼分？誰來分？分給誰？

本節不談理想與意識形態，而是從制度設計的角度出發，探討全球實施過的財富重分配政策，臺灣的現行作法，以及庶民最應爭取的改革路線圖。

一、財富重分配的三大政策工具

1. 稅收制度（Redistributive Taxation）

最直接的財富重分配方式，是對高所得、高資產群體課以較高稅負，並將稅收用於社會支出與再分配。例如：

- **累進所得稅**：收入越高，稅率越高（如瑞典、丹麥稅率達 50%以上）
- **資本利得稅與股利稅**：讓投資性收入也負擔稅責，避免「富者愈富」
- **遺產與贈與稅**：避免財富集中在家族體系內代代相傳

2. 社會給付（Social Transfers）

將公共資源透過現金或服務形式提供給特定族群，是另一種再分配方式，例如：

- 育兒津貼、失業補助、老年年金、低收入戶生活補助
- 公費醫療、公共教育、社會住宅、長照支持系統

這些制度不僅減少生活風險，也提升社會基本的公平性與尊嚴感。

3. 公共服務普及化（Universal Basic Services）

透過擴大基礎公共服務供給，如免費托育、公共交通、文化設施等，讓庶民不靠錢也能享受高品質生活。

這類政策的優點在於「不貼標籤、不製造汙名」，不需區分貧富皆能使用，也能促進社會整合與認同。

二、世界各國的再分配政策案例

1. 北歐模式：高稅高福祉

以瑞典為例，最高所得稅率超過 57%，但其提供的社會保障涵蓋嬰兒托育到長者養老。該國公民享有：

◆ 免費高等教育與醫療
◆ 實質薪資與工時保障
◆ 高比例的公共租屋

此模式證明：**高稅不等於失去競爭力，關鍵是稅收是否真正回到庶民生活中。**

2. 阿拉斯加永久基金：全民分紅制度

美國阿拉斯加州將石油收入的一部分放入「阿拉斯加永久基金」，每年固定發放紅利給全體居民（2022 年為 3,284 美元）。這是一種「資源主權全民共享」的政策設計。

即使庶民沒有參與油田開採，也能分享自然資源的經濟價值。

3. 南韓基礎收入實驗

京畿道針對年滿 24 歲青年推行「青年基本收入計畫」，每季發放 100,000 韓元（約新臺幣 2,500 元），目的在於降低青年初入職場的經濟壓力與社會疏離。

雖金額不高，卻被視為建立庶民安全感的重要起步。

三、臺灣現行制度的困境與限制

面向	問題描述	庶民影響
所得稅	高收入者有多種抵稅與資本收入免稅漏洞	庶民實際稅負比例高於富人
遺產贈與稅	折扣多、課徵率低、難以查核	富人易避稅，庶民負擔大
社會給付	條件複雜、需申請、過程標籤化	真正需要的人反而難以取得
公共服務	覆蓋率低、地區差異大	弱勢地區居民被迫自費求助

臺灣再分配制度雖有建構，但仍以**選舉式撒錢或行政彈性補助為主**，缺乏長期結構設計與庶民導向。

四、庶民視角下的再分配改革主張

1.「庶民稅制調整方案」

- ◆ 降低基本工資族群稅負，擴大租金、醫療、教育可抵扣項目
- ◆ 對股息收入與高資產課徵最低有效稅率（如 15%）
- ◆ 強化遺產稅查核能量，針對高額轉移設立「家族資產公開制度」

2.「庶民保護支出專款專用法」

◆ 政府每年必須將稅收一定比例（如 10%）用於社會基礎保障
◆ 建立庶民參與的預算監督機制，避免資源流入財團補貼與豪華建設

3.「全民共享紅利基金」

◆ 將特定國有資產營收（如公營銀行、國營土地、能源股息）成立「庶民基金」
◆ 每年定期發放基礎現金給所有公民，無需申請，無審查羞辱

讓重分配不再是政見，而是制度日常

　　庶民不需要每次選舉前才被記得。財富再分配的目的，不是「懲罰成功者」，而是讓這個社會不因出身、地段、家族背景而剝奪基本生存與追夢的權利。

　　庶民經濟的穩定，不只是對個人有利，也是整體社會經濟健康的保障。當 90%的人民感受到未來有可能變好，這個國家才真的會好。

第十三章　社會階層與財富轉移

■ 第五節
為什麼中下階層更需要經濟學？

當你在加油站看到油價上漲，會怎麼做？

當你收到稅單時感到困惑，會怎麼辦？

當你看到央行升息或政府發現金，知道這對你有什麼影響嗎？

這些問題，其實都在問你一件事 —— **你了解經濟學嗎？**

傳統印象中，經濟學是學院裡的專業術語，是官員、企業家或高知識分子的工具。但事實正好相反：

越是處於經濟弱勢的人，越需要懂得經濟學，因為每一個政策與制度的設計，第一個被影響的，就是你。

一、知識差距，決定行動能力差距

中產與富裕階層往往能理解並因應經濟變化，因為他們具備以下優勢：

- ◆ **資訊管道多元**：從小接觸新聞媒體、專業書籍、金融諮詢
- ◆ **教育資源充分**：理解金融、財稅、就業制度背後邏輯
- ◆ **社會網路強大**：親友間互通消息、合作策略，形成共識與支援系統

而庶民階層則長期處於「知識被排除」的位置：

- ◆ 對政策「感覺有影響，但說不出為什麼」
- ◆ 對稅收、補助「只能被動接受，不能主動爭取」

- 對投資、債務、風險「常有錯誤認知，容易落入陷阱」

這就是**知識權力**的差異，而知識權力落差，也進一步擴大了財富落差。

二、庶民為什麼需要自己的經濟學？

1. 破解不公平的制度邏輯

當你了解政策背後的經濟邏輯，就能辨認什麼是對你有利的設計，什麼是打著「全民」旗號卻實際偏袒特權的假公平。

例如：

- 知道「租稅抵減」實際上只有報稅的人才受益
- 知道「股市成長」和你的薪資不一定有關聯
- 知道「自由市場」常被少數財團壟斷，不等於機會平等

2. 爭取資源與改變政策的底氣

只有理解經濟制度，你才能：

- 在參與預算、公共聽證會時提出具體主張
- 在社區會議上針對房租、托育、能源價格發聲
- 對政治人物政策做出獨立判斷，不被口號牽著走

懂經濟，才能做出有行動力的公民，而不是任人宰割的被動者。

3. 提升個人與家庭的行動能力

庶民經濟學的知識能幫助你：

- 做出更有效的理財決策

第十三章　社會階層與財富轉移

- 規劃中長期的職涯與生活布局
- 指導下一代理解市場與風險，不重複過去錯誤

三、經濟學不應只是分析，而是翻轉的工具

過去，我們被教育要「努力賺錢」、「省吃儉用」、「買房致富」，但這些建議在制度未改革、薪資未成長的前提下，**只是將庶民困在「內耗型」經濟行為中。**

庶民經濟學主張：

- 從追求個人致富，轉向集體保障與互助經濟
- 從單一工作依賴，轉向多元收入與能力提升
- 從懼怕談錢、談制度，轉向具備討論與提案的底氣

四、真實案例：庶民如何用經濟知識翻轉命運

「庶民經濟共學圈」

一群基層青年、自營商與家庭主婦成立「庶民經濟共學圈」，每週一次聚會討論生活中的經濟問題，從水電費計算、社會保險分析到補助申請流程解讀。

透過三個月的共學，他們不僅懂得爭取地方預算，也成功促成區公所設立「財務諮詢服務站」，並培養出四位「庶民經濟導師」，協助周邊社區進行知識分享。

這證明：你不需要博士學歷，只需要有人願意陪你一起學，一起想，一起做。

五、庶民經濟學的核心不是數字，而是尊嚴

真正的庶民經濟學，不只是看懂 CPI、利率或 GDP，而是能回到這些問題：

- ◆ 我能不能照顧家人？
- ◆ 我能不能選擇工作？
- ◆ 我能不能不為明天擔心？

當經濟學變成解決生活問題的語言、做決策的工具、與人連結的橋梁，它才真正屬於我們 —— **庶民的經濟學**。

> **讓知識變成你的第一份資產**
>
> 學會經濟學，不會立刻讓你變有錢，但它會讓你更清楚錢從哪裡來、去哪裡、為什麼總是不夠。
>
> 懂經濟，不是菁英的特權，而是庶民的必要生存能力。因為在這個被制度規則塑造的世界裡，只有懂得規則的人，才有可能參與改變遊戲。

第十三章　社會階層與財富轉移

第十四章
數位經濟下的新貧富差距

第十四章　數位經濟下的新貧富差距

■ 第一節　數位平臺與勞動力的轉變

當我們打開手機 App 訂餐、叫車、預約按摩，或線上預約一位翻譯、一堂鋼琴課，我們享受的不是便利本身，而是進入了一種「平臺化的勞動世界」。

你可能沒想過，在你點擊「確認」的那一瞬間，背後有多少人進入了「無勞保、無底薪、無加班費、無保障」的工作場域。而這樣的模式，不只出現在臺灣，而是全球數位經濟轉型下的共同現象。

這就是平臺經濟（platform economy）對庶民勞動的衝擊：**它改變了勞動形式、破壞了舊有保障，也模糊了僱傭與自由的界線，最終產生一種看似自由、實則不穩的新貧階層。**

一、平臺經濟的崛起：從科技創新到勞動重組

所謂平臺經濟，是指由大型科技公司建構的數位平臺，透過 App 或網站媒合供需雙方，並以演算法、自動化系統進行配對與計價，廣泛應用於叫車、外送、家教、設計、修繕、翻譯、旅宿等產業。

代表性企業如：

- Uber（交通）
- Foodpanda、Uber Eats（外送）
- Airbnb（住宿）
- TaskRabbit、Fiverr（勞務與創意接案）

這些平臺自稱是「科技公司」，而非「雇主」，因為他們並不直接聘用勞工，而是透過使用者協議，將所有責任轉嫁給所謂的「合作夥伴」或「自由工作者」。

這樣的模式，雖然提高了交易效率，也創造了短期彈性的收入選擇，但同時也：

◆ **排除了勞基法保障**
◆ **讓風險由勞方自行承擔**
◆ **壓縮了勞動者的談判空間**

二、平臺工人是自由還是被綁架？

平臺經濟最常出現的一句話是：「這些人是自由工作者，不是雇員。」聽起來似乎很棒，他們可以選擇工作時間、地點與內容，彷彿是一種解放。

但真實情況是：

◆ **你不接單，就沒有收入**
◆ **平臺可依演算法打壓曝光、降級與封鎖帳號**
◆ **申訴管道幾乎無效，缺乏勞資對等機制**

例如：外送員小李每天工作 10～12 小時，一天平均完成 30 筆訂單。每單收入約 55 元，扣除油資、保養、風險與平臺抽成後，實際所得不到時薪 160 元，卻仍未納入勞基法保障。若遇車禍，也無保險或工傷賠償機制。

這樣的「自由」，是一種被包裝過的風險移轉，實質上平臺掌控定價、評等與工時，**是一種新型態的隱性控制制度。**

三、數位中介如何擠壓勞動價值？

傳統經濟中，勞動者與雇主至少存在明確合約與雙方義務。但平臺經濟則將雙方轉換為：

- ◆ 「任務發布方」（平臺）
- ◆ 「服務提供者」（你）
- ◆ 「顧客」（使用者）

這樣的三角結構讓平臺得以同時：

- ◆ **收取交易手續費**
- ◆ **保留定價與演算法控制權**
- ◆ **不負任何直接雇主責任**

根據《2022 臺灣平臺工作者調查報告》，目前臺灣約有超過 10 萬名平臺工人（含外送、叫車、家教、設計等），其中高達 76% 無穩定勞保，65% 無職業傷害保障，超過八成表示對收入不穩感到焦慮。

而平臺對這樣的結構，卻以「創造機會」、「靈活就業」作為正當性，實際上只是透過科技手段達到去責任化與去成本化的目的。

四、國際案例：各國如何回應平臺勞動問題？

1. 歐盟：定義「假自僱」與加強雇主責任

歐盟委員會於 2021 年提出平臺工作指令草案，試圖劃定「實質僱用關係」的界線，若平臺控制工時、定價與懲處，就應被視為雇主，必須依照勞動法規提供保障。

2. 美國加州：AB5 法案的興與衰

2019 年通過的 AB5 法案試圖將 Uber、Lyft 駕駛納入雇員保障範疇，但受到平臺公司資金與政治影響干擾，在公投後部分條文遭到撤銷，顯示政策改革之艱困。

3. 韓國與日本：保險與職災保護制度的嘗試

南韓針對「特種僱傭工」提供強制性勞災保險，日本則嘗試在地方法規中納入叫車與外送員的基本安全標準，提供最低時薪與工作限制。

這些案例顯示：平臺勞動已成為結構性問題，非單一勞工或平臺能獨力解決，需國家制度全面回應。

五、臺灣現況與庶民困境：從 Uber Eats 到老師傅

在臺灣，平臺經濟不只發生在年輕人身上，也已擴及各年齡層與專業技能者：

- 60 歲的代書張大哥被迫接線上法律諮詢，收入遠不如傳統律師事務所
- 工地老師傅改接線上媒合維修平臺，需付平臺月費與工具自備，還要自吸交通費
- 音樂老師轉為線上平臺家教，但因平臺抽成與演算法壓價，收入較過去教室授課少一半以上

這些案例反映了平臺化的勞動並非創新，而是一種**削弱專業議價力、壓低實質薪資、讓庶民成為數據裡的消耗品**的結構轉變。

第十四章　數位經濟下的新貧富差距

六、庶民如何應對平臺化未來？

1. 政策參與與立法監督

庶民應支持將平臺工人納入勞保與工會保障系統，並要求政府立法強化平臺責任，避免科技掩飾不正義。

2. 自組工會與互助團體

例如臺灣「外送員職業工會」便為會員爭取保險、補助與協調爭議的權益平臺，是庶民集體力量的重要實踐。

3. 培養平臺外的生存技能

透過自媒體、社區服務、教育訓練等方式脫離平臺依賴，打造更具主動權的個人經濟模式。

4. 支持「庶民友善型平臺」發展

倡導以勞工共管、社區參與為基礎的地方平臺（如共享送貨、鄰里修繕媒合）取代壟斷資本型平臺。

當平臺變成老闆，誰來保障你？

我們過去認為科技會讓生活更輕鬆，但今天的現實卻是：科技讓資本更聰明，卻讓庶民更不穩定。

庶民經濟學必須面對平臺化世界下的結構性不平等，並設計出新的規範、新的社會契約與新的合作方式，否則我們將在看似自由的選擇中，失去真正的生存主權。

第二節　零工經濟與新型態收入模式

你可能認識一位白天在公司上班、晚上當家教的朋友；或是一位週末接接攝影案的設計師；甚至是白天跑外送、晚上寫網誌賺廣告分潤的年輕人。這些人，構成了所謂「零工經濟」的主力軍。

零工經濟（Gig Economy）是一種以短期、彈性、任務型的工作模式為主體的經濟結構。在這樣的系統中，傳統的「穩定僱傭關係」正在崩解，取而代之的是「以平臺或個人媒介接案、以任務結算報酬、無法長期依賴」的收入型態。

而這一轉變，不僅改變了工作邏輯，也徹底撼動了庶民對收入、安全與未來的想像。

一、什麼是零工經濟？

零工（gig）一詞原本來自爵士樂圈，意指臨時演出的工作。如今在經濟學中，泛指：

◆ 任務導向（task-based）：每筆案子為單位結算報酬
◆ 無僱傭關係（non-employment）：無勞健保、無保障、無休假
◆ 高流動性（high fluidity）：工作不穩定、接案時間彈性
◆ 高彈性與高風險並存（flexibility vs. insecurity）

這樣的工作型態廣泛出現在設計、翻譯、寫作、影片製作、保母、送貨、清潔、線上課程等領域，並受到數位工具與平臺極大推波助瀾。

二、誰在做零工？庶民占絕大多數

根據《2023 臺灣非典型工作報告》，目前臺灣約有超過 28% 勞動人口處於非典型勞動狀態，其中約 46% 屬於零工模式，包括兼職、自營、接案、外送、臨工、直播與平臺任務型收入者。

其中多數具有以下特徵：

◆ 教育程度中等或偏高
◆ 缺乏長期工作保障
◆ 通常為補貼家庭開支或主職工作不足
◆ 年齡橫跨 22～50 歲，青年與中年族群並重

這代表著：零工經濟不是少數人的「選項」，而是多數庶民的「生存必需」。

三、收入多元卻不穩定：新型態收入的兩面性

優點：

◆ **彈性高**：可依自身時間與能力調整工作量
◆ **門檻低**：進入障礙相對低，無需正式聘僱或面試流程
◆ **可拓展個人品牌**：例如自由講師、YouTuber、IG 接案設計師

風險：

◆ **收入不穩**：旺季爆單、淡季無收入，難以規劃預算與儲蓄
◆ **缺乏社會保障**：未被納入傳統勞保與職災補償機制
◆ **價格競爭激烈**：接案市場常被低價壓縮，專業價值受侵蝕

◆ **自我剝削常態化**：自己是老闆也是工人，無休無止境工作

一位接案插畫師曾形容：「我自由到每個晚上都要擔心下個月房租怎麼付。」

四、零工經濟是否真的適合庶民？

在多數政策與媒體論述中，零工經濟被描繪成「自立自強」、「不依賴制度」、「善用數位轉型」的新型態成功樣貌。

但從庶民觀點來看，我們要問的不是「這是否新潮」，而是：

◆ 這樣的收入結構，能否讓我有保障地生活？
◆ 這樣的工作模式，能否讓我有時間育兒、照顧家庭、休息？
◆ 這樣的制度安排，是否讓我在危機時能獲得支援？

── 答案往往是否定的。

零工經濟雖然彈性，卻將風險完全個人化，使得庶民在市場波動中毫無防護網。它並非失敗者的退路，而是制度未建構好、正式職位不夠時，大量庶民被迫擁抱的「主流邊緣模式」。

五、制度應該如何回應？

1. 將零工收入納入社會保障基礎

◆ 建立「工作即保險」制度：無論接案或任務型工作，皆自動計入最低保險與年資
◆ 設立「零工者專用勞保方案」，補助保費與簡化登記程序

2. 課徵平臺服務費公共回饋

- 對大型平臺收取「庶民保障費」(如歐洲的數位稅制)
- 將其用於建立零工者專屬的災難補助與訓練基金

3. 推動在地平臺或合作型經濟

- 支持由庶民社群、工會或地方政府設立平臺，避免資本壟斷抽成與壓價行為
- 鼓勵互助型接案平臺，讓利潤回饋參與者而非遠端投資人

4. 建立庶民收入追蹤與財務教育平臺

- 提供數位工具，幫助零工者記錄收入、評估報稅與支出分配
- 推動庶民理財共學，避免「收入有進無存」的惡性循環

六、個人策略：零工庶民的五個生存建議

- 至少建立一項固定收入來源(兼職或長期合作案)
- 將零工收入分成四類：生活費、儲蓄、投資與學習
- 與他人組成互助小組，交換案源、互評報價
- 善用社群平臺建立個人品牌，提高議價能力
- 將「時間」而非「單價」作為衡量工作效益的核心指標

第二節　零工經濟與新型態收入模式

當收入變成碎片,生活該如何整合?

零工經濟讓我們必須成為自己的會計師、人資、行銷專員與客服,但也讓我們每一個錯誤都直接反映在餐桌上。

庶民需要的,不是多接一點案子,而是一個能讓努力變成安全的制度,一個能讓勞動被正確定價的市場,一個能讓收入被看見與保障的社會。

第十四章　數位經濟下的新貧富差距

■ 第三節　科技創新對財富結構的影響

當我們談科技創新，多數人腦海浮現的畫面是：自駕車、智慧家庭、雲端資料、AI 醫療、5G 應用。然而這些改變，不只是「生活便利」這麼簡單，它同時也在改寫我們所處的經濟秩序，甚至徹底重構全球財富分配的遊戲規則。

這節的核心問題是：為什麼科技愈進步，財富卻愈集中？為什麼創新不是帶來更多機會，而是讓大多數庶民更難翻身？

這並不是科技本身的錯，而是我們所處的**平臺資本主義與壟斷式創新制度**，讓科技的紅利越來越集中在少數幾個「擁有資料、運算力與管道」的集團手中。

一、創新為何加劇財富集中？

1. 贏家全拿的演算法邏輯

在數位時代，科技創新呈現「網路效應」：越多人用，某平臺就越強大，越強大又吸引更多人用，最終形成壟斷。

Google、Facebook（現稱 Meta）、Amazon、阿里巴巴、微軟、Apple、Netflix，這些科技巨頭控制了全球 70% 以上的流量、廣告、市場與基礎設施。根據《富比士 2023 年全球富豪榜》，前 10 名中有 7 位來自科技產業，其資產總額超過全球最貧困 50% 人口的總和。

這種「無邊界擴張、低邊際成本、高資料掌控」的科技模式，讓企業成長速度遠高於傳統製造業或服務業，**也讓財富集中於資本與技術交集的極少數人手中。**

2. 資料即資本，使用者變商品

科技公司不再依靠實體產品營利，而是靠掌控「資料」與「使用行為」。我們的瀏覽、點擊、購買、定位與停留時間，構成了平臺掌控我們偏好與預測我們行為的基礎。

這些資料經過演算法優化後，不僅轉賣給廣告商、金融商、政府機構，還能用來進行**行為經濟學操作**，改變我們的決策。

這意味著：**我們不是平臺的顧客，而是平臺販賣的商品。**

而真正獲利的，不是庶民，而是擁有演算法與運算能力的那一方。

3. 資產轉型與勞動邊緣化

科技創新將傳統的勞動價值轉為數位資產價值。平臺不再需要大量人力，只需少量工程師與大量外包，便能控制整個產業鏈。

舉例：

- 一家 Uber 總部僅千人，卻控制全球百萬司機
- Netflix 擁有不到萬名員工，卻重塑全球影視產業
- Amazon 靠倉儲自動化與演算法推薦，大幅降低人力需求

這代表：**新型態企業靠少量人力創造巨量利潤，原本仰賴勞力換取收入的庶民被排除於資產紅利之外。**

二、真實案例：AI 與自動化的資產重構效應

案例一：AI 圖像生成平臺壓縮創作者價值

2023 年以來，AI 繪圖工具如 Midjourney、DALL·E 等迅速發展，許多品牌開始採用 AI 生成圖像取代設計人力。這讓原本仰賴接案維生的插

畫家、平面設計師接單銳減，收入腰斬。

而 AI 模型所使用的訓練資料，多來自網路無償素材與過去創作者的作品，這讓許多庶民設計師憤怒卻無能為力，因為**他們貢獻了數據，卻無法從創新中獲得應有報酬。**

案例二：Amazon 自動倉儲取代藍領工人

Amazon 在美國推行「機器人倉儲」，使用自動堆高機、辨識系統與物流演算法，大幅降低人力需求。一家原本需 1,000 名工人的物流中心，如今只需 200 人，且其中多數為臨時派遣。

這造成原本穩定的藍領職缺流失，工會影響力減弱，也讓大量中年庶民勞工被迫進入臨時、無保障的工作生態。

三、科技創新是否可以「公平化」？

1. 重新定義「創新回饋制度」

科技紅利應透過制度進行再分配，包括：

- 徵收科技公司「資料稅」、「自動化稅」，用於社會保障
- 要求平臺分享 AI 訓練資料利潤，補償資料貢獻者
- 設立「庶民科技基金」，協助非科技產業的轉型與再教育

2. 讓資料成為人民的資產

推動「資料主權」概念，讓個人有權決定其數據是否被收集、如何使用，並參與獲利分配。例如：

- 建立資料合作社，由使用者共同管理與授權數據
- 推行使用者資料帳戶，讓資料變成個人可控的經濟資產

3. 投資庶民可參與的科技創業

支持社區科技、地方平臺、合作工具與共用資源計畫，讓庶民不再只是科技的使用者與勞動者，而能成為**創新架構的共同設計者與擁有者**。

四、庶民的對策：科技不是敵人，但壟斷是

我們不該排斥科技，但我們必須質疑：

- 這項科技的價值分配結構是什麼？
- 誰擁有它？誰控制它？誰可以因此致富？
- 我是否能從中獲得尊嚴與穩定，而不是被淘汰與剝削？

庶民應該：

- **學習數位素養**，理解演算法、資料與平臺運作原理
- **參與科技治理**，透過社群、工會與監督機制對科技企業施壓
- **建立合作平臺**，打造反壟斷、在地化、庶民共管的創新空間

創新，不該只是資本的遊樂場

科技應該讓更多人活得更好，而不是讓少數人變得更強。真正有意義的創新，應該包括制度創新、社會創新與價值創新。當我們只創造出讓財富更集中、讓勞動更脆弱的工具，那不是創新，而是強化不平等的加速器。

庶民經濟學要做的，不是拒絕未來，而是重新設計一個「大家都能進場」的未來。

第十四章　數位經濟下的新貧富差距

■ 第四節　數位貨幣與平臺壟斷問題

在這個時代，你可能聽過比特幣（Bitcoin）、以太幣（Ethereum）、穩定幣（Stablecoin），甚至是狗狗幣（DogeCoin）。有人靠這些賺進千萬，也有人在一夜間資產歸零。而背後的世界，叫做「去中心化金融」（DeFi, Decentralized Finance）。

然而，我們不得不問：**數位貨幣，真的是讓庶民翻身的新機會，還是另一個被少數人壟斷的虛擬金字塔？**

此外，不只貨幣，整個數位金融的交易平臺、支付系統與數位基礎設施，也正被少數幾個巨型科技公司壟斷控制，形成一種新的數位封建制度。

這節，我們不討論幣值，而是討論**貨幣背後的權力分配**。

一、數位貨幣的承諾與現實

1. 去中心化的理想：擺脫銀行壟斷、回到人民手中

加密貨幣誕生的初衷，是為了挑戰傳統銀行與政府對貨幣的壟斷，主張「無需信任的系統」（Trustless System），讓每個人都能平等參與金融體系，不再受控於中央銀行或大財團。

這樣的敘事深具吸引力，特別是在 2008 年金融危機之後，許多人對華爾街與銀行制度的信任瓦解。

2. 現實：去中心化的集中壟斷

然而，十多年後的現實卻是：

◆ 全球 90% 以上的比特幣由前 2% 地址持有
◆ 多數幣價波動不再由「市場供需」決定，而是由大戶（Whales）控盤
◆ 挖礦權力集中於中國、美國的特定機房與企業
◆ 普通人投入的資金，多淪為被收割的韭菜

也就是說，「去中心化」只存在於技術結構上，而非資源分配上。

二、交易平臺的虛擬壟斷與失控風險

加密貨幣雖然無須中央機構，但大多數人無法自行保管私鑰或建立節點，因此仍依賴交易平臺（如 Binance、FTX、Coinbase）進行買賣與儲存。

而這些平臺：

◆ 控制使用者帳戶與資金流向
◆ 決定交易是否成立、幣種是否上架
◆ 可透過自營交易影響幣價（如 FTX 事件所揭）

最具代表性的案例是 **FTX 倒閉事件**：2022 年，全球第二大虛擬貨幣交易所 FTX 在短短幾週內從「明星平臺」變成「財務黑洞」，數百萬投資者資金瞬間蒸發，創辦人山姆・班克曼—佛瑞德（Sam Bankman-Fried）被控詐欺與非法挪用資金。

這不只是個別公司的貪婪，而是整個平臺金融架構缺乏監理與問責的系統性問題。

三、數位支付的壟斷權力：
　　誰掌握了交易，就掌握了社會

不只是加密貨幣，在我們日常生活中，如 LINE Pay、街口支付、Apple Pay、Google Pay 等行動支付工具，也已逐漸取代現金與信用卡。

這些工具背後是龐大的平臺：

- ◆ 掌握用戶的消費習慣與信用紀錄
- ◆ 能決定誰能開通商戶帳戶、誰被封鎖
- ◆ 對每筆交易抽取手續費，累積巨額資料資本

這種**平臺壟斷式支付系統**意味著：即使是日常交易，庶民也無法脫離平臺的規則與演算法。

想像一個世界：

- ◆ 你不被允許在 LINE Pay 使用某筆錢
- ◆ 你的帳戶因「風險評分」被凍結無法提款
- ◆ 某些商家被系統默默降權，導致來客驟減

這些事情正在發生，而且幾乎沒有人能申訴成功。

四、央行數位貨幣（CBDC）：解藥還是新監控體系？

近年，各國政府紛紛推動「央行數位貨幣」（Central Bank Digital Currency, CBDC），例如中國的數位人民幣、歐盟的數位歐元、美國的 FedNow 計畫等。

表面上，CBDC 可以：

- 降低現金使用成本
- 提升交易效率
- 協助政府針對性發放補助或補貼

但庶民需注意：CBDC 也可能成為「國家級監控系統」的基礎設施。

若每一筆消費、轉帳、存款都可被記錄與控制，政府就擁有前所未有的金融行為資料，這將對民主、隱私與自由構成極大挑戰。

五、庶民的立場與對策：數位金融時代的公義再定義

庶民不該只是技術發展的旁觀者，而應該在制度設計上發聲，主張「金融正義」與「數位人權」：

1. 資訊透明化與平臺監督

- 所有數位平臺應公開演算法規則與交易抽成機制
- 應成立第三方監管機構對平臺進行查核與制衡

2. 建立公有數位支付與金融工具

- 由政府或合作社主導的「公共支付平臺」
- 提供免抽成、不歧視、不限信用評分的數位交易選擇

3. 資料主權法案

- 規定個人對數位資產與資料擁有「知情權、刪除權、轉移權」
- 禁止平臺私下販售或分析用戶金融資料

第十四章　數位經濟下的新貧富差距

4. 庶民金融教育普及

◆ 國民教育應納入數位貨幣與平臺經濟風險課程
◆ 成立社區「數位金融輔導站」，提供免費諮詢與風險說明

> **金錢虛擬化，權力實體化**
>
> 　　當貨幣變成數位、平臺變成銀行，我們每天的「生活」就已經被默默「金融化」。科技可以創造自由，但也可能製造新的不平等。庶民要理解的不是比特幣怎麼買、哪支幣會漲，而是要問：
>
> 　　「誰掌握了交易的入口？誰決定了資產的可見性？誰可以隨時抽走你手上的權利？」
>
> 　　庶民經濟學的任務，是讓你在數位時代不只是用戶，而是有知識、有立場、有力量的參與者。

第五節　AI 與自動化的就業衝擊

你是否曾聽過這些新聞標題：

◆ 「ChatGPT 將取代客服與編輯工作」
◆ 「物流機器人導致工人減半」
◆ 「AI 律師打贏人類法務」

對許多人來說，AI 和自動化似乎還是遠方的未來。但事實上，它早已悄悄進入庶民的生活——不是幫你分憂，而是來「搶你飯碗」。

AI 與自動化技術確實提高了效率、降低了成本，讓企業在競爭中如虎添翼。然而，對於依賴固定勞動收入維生的庶民而言，這些技術卻正在無聲地削弱工作機會、壓縮薪資成長、迫使人力邊緣化。

這一節，我們將從庶民視角出發，全面解析這場「無聲革命」的影響。

一、自動化並不「奪走工作」，而是「改變工作型態」

許多人誤以為 AI 會直接「取代人類」。事實上，大多數技術並非完全取代，而是「重組人力配置」，形成以下三種模式：

1. 機器輔助型（Human-AI Collaboration）

如醫療診斷輔助系統、編輯建議工具、翻譯軟體等，AI 成為人力加速器。

庶民影響：提升工作效率，但同時也**提高 KPI 與工作標準**，讓「不會用 AI 的人」被淘汰。

2. 自動替代型（Full Automation）

如客服聊天機器人、自動報表生成、物流搬運機器人。

庶民影響：中低技術、重複性高的工作最易被替代，如收銀員、客服、行政助理等。

3. 任務轉移型（Task Redesign）

原職位不消失，但工作內容改變，如設計師需懂 AI 繪圖工具、會計需掌握資料視覺化。

庶民影響：若無法持續學習新技能，將面臨**角色被邊緣化或降薪再聘**。

二、哪些庶民工作最易被 AI 取代？

根據牛津大學的 Frey 與 Osborne（2017）研究，以下工作類型屬於高風險：

高風險	中風險	相對低風險
收銀員、資料輸入員、會計記帳員	司機、銀行業務、製造工人	醫療護理、創意設計、教育指導
客服專員、翻譯、接線員	房仲、文書、倉儲配送	社工、心理諮商、政治顧問

庶民多數集中於「可標準化」的勞動類別，這正是 AI 最容易切入的部分。

例如：

- 自助結帳取代超商收銀
- AI 客服取代通訊客服
- 自動化合約系統取代律師助理

在這些轉型中，受薪階級往往毫無議價權與轉職準備。

三、AI 取代的不只是工作，更是「穩定生活的條件」

對上層階級而言，AI 是生產力的強化；但對庶民而言，AI 代表的是：

◆ **工時不減、壓力倍增**：需產出更多、更快、更精準的成果
◆ **專業貶值與經驗失效**：原本累積的技能價值因 AI 而降低
◆ **晉升空間壓縮**：中階管理職遭技術架構取代，組織變平
◆ **再學習成本轉嫁**：企業不願負擔員工訓練，要求個人自費進修

AI 不僅改變了工作的方式，也讓「穩定、有尊嚴的生活條件」變得更難取得。

四、真實案例：AI 在職場的庶民現場

案例一：中年行政助理的轉職困境

47 歲的許小姐，在一間會計事務所擔任行政助理 15 年。原本熟練的記帳與報表工作，逐漸被導入 AI 財報軟體取代。老闆以「組織精簡」為由資遣，並建議她「多學 ChatGPT 與 EXCEL 進階」。

她在失業後試圖轉職，但因年齡、技能斷層與家庭責任限制，屢屢碰壁。她說：「我不是不願意學，我是不知道去哪裡學、誰來帶我。」

案例二：物流工人與倉儲機器人競爭

在桃園某自動化物流中心，原本須聘請 80 名搬運工，如今機器人與軌道系統取代大部分人力。剩下的工人轉為操作維護、包裝與監控職務。

但多數人表示：「機器出問題時壓力超大，不只要處理還得負責績效，反而更累。」

五、庶民的轉型該怎麼做？

1. 推動全民 AI 素養教育

- 公共圖書館與社區中心開設 AI 認知課程
- 職訓單位開設「庶民用得懂的 AI 工具」班（非菁英導向）

2. 設立「技術轉型安全網」

- 庶民若因自動化被裁撤，可獲得再訓練津貼與技能轉換獎勵
- 設立「AI 影響評估制度」，凡導入 AI 者須提交社會影響報告

3. 保障轉型過程中的勞動權益

- 員工有權參與技術導入的決策與評估
- 對「AI 取代」引發的非自願離職設立額外補償金

4. 鼓勵庶民創造「不被取代的價值」

- 結合人際溝通、地方文化、關係經營等非標準化能力
- 推動庶民手藝、市集、地方導覽等社區微經濟

你要與 AI 競爭,還是重新設計你的價值?

　　AI 與自動化不是惡魔,它們是中性的工具。但如果我們讓它只為資本服務,而不思考如何讓庶民參與分配與轉型,那它將變成歷史上最強大的排除工具。

　　庶民經濟學的任務,是讓技術的進步不再是「少數人的武器」,而是「大家能共用的橋梁」。這不只是關於學會一個新工具,更是關於重新想像我們的工作、價值與生活的方式。

第十四章　數位經濟下的新貧富差距

第十五章
打造自己的財富藍圖

第十五章　打造自己的財富藍圖

■ 第一節　設定財富目標與階段規劃

　　如果你問一個庶民：「你的人生財務目標是什麼？」他可能會苦笑說：「活得下去就不錯了。」

　　這句話不是抱怨，而是一種無力感的真實表達。對多數庶民而言，財富規劃似乎是有錢人或理專才會談的事。我們每天的目標往往只有「月底前不要刷爆卡」、「這個月能多存兩千」、「孩子學費怎麼來」。

　　但庶民也需要財務目標，而且更需要。**因為你沒有多餘的資源，所以你不能不計劃；因為你沒辦法靠家族支援，所以你更得靠自己設計未來。**

　　本節將從設定財富目標的基本方法談起，提供庶民可以操作的財務規劃架構，讓「財務自由」不再只是口號，而是一場可以具體實踐的人生旅程。

一、為什麼庶民更需要財富目標？

　　在庶民生活中，「錢」往往不是多出來，而是湊出來的。所以大多數人都陷入一種被動式理財的模式：

- ◆ 沒存錢，因為「沒多的錢可以存」
- ◆ 不投資，因為「沒本錢」
- ◆ 沒規劃，因為「先顧今天就好」

但這樣的思維會導致三個結果：

◆ **財務隨機**：收入支出沒有方向，錢總是一下就不見
◆ **風險脆弱**：任何突發支出都可能讓你陷入負債
◆ **難以翻身**：沒累積就沒轉機，永遠只能做選擇裡最差的那個

目標不是有錢人的奢侈品，而是庶民的生存武器。設定目標，才能建立策略，產生行動，逐步累積出翻身的能力。

二、財務目標該怎麼設定？三層結構一次搞懂

財務目標不是寫夢想板，而是設計可量化、可追蹤、可調整的系統性規劃。

以下是庶民可使用的「三層財務目標架構」：

1. 生存目標（0～2年）

這是一切的起點。問問自己：

◆ 你的每月固定支出是多少？
◆ 有沒有準備緊急預備金（至少 3 個月生活費）？
◆ 是否還有高利貸款或卡債未處理？

目標設計範例：

◆ 六個月內清償所有高利貸款（如卡債、消費貸款）
◆ 一年內存到至少三個月生活費的緊急預備金
◆ 重新設計預算表，固定每月存下薪資的 10%

這一層的重點是：**先讓自己停止財務流血與危機恐慌。**

2. 安全目標（2～5年）

當你擁有基本的生存穩定後，下一步是為生活建立「風險緩衝區」。

具體行動可能包括：

- ◆ 建立保險架構（醫療險、意外險、實支實付）
- ◆ 每月固定投資 5～10% 薪資於低風險資產（如 ETF、儲蓄型基金）
- ◆ 償還房貸或學貸至 30% 以下的負債比率
- ◆ 評估是否需進修或斜槓投資自己

這一層的目標是：**讓生活具備穩定性，出事不會崩盤，有機會時能追求成長。**

3. 成長目標（5年以上）

到了這一層，你開始可以思考中長期財富擴張策略，包括：

- ◆ 規劃買房或轉換房產結構（如換屋、共居）
- ◆ 設定退休金目標與逆算每年需準備金額
- ◆ 嘗試創業、副業或資產創造（如自媒體、出租收入）
- ◆ 進入中風險投資（如基金、債券、REITs）

重點是：**透過每年檢視與滾動調整，讓財富慢慢往目標靠近。**

三、工具篇：庶民也能用的財務規劃方法

1. SMART 原則設定目標

每一個財務目標，都應具備：

- Specific（明確）：不是「我要變有錢」，而是「我要存到 10 萬元」
- Measurable（可衡量）：能知道是否達標
- Achievable（可達成）：不要脫離現實（別設「三個月買房」）
- Relevant（相關性高）：與人生價值觀有關（為退休？為孩子？為穩定？）
- Time-bound（有時限）：設一個檢視時點（例如「2025 年 12 月前」）

2. 三帳戶理財法

將收入分為三大帳戶：

- 生活帳戶：支出與日常開銷
- 儲蓄帳戶：緊急備用金與中期儲蓄
- 成長帳戶：投資與學習

讓「錢」不再混在一起，而有明確任務。

3. 年度財務規劃表

以 Excel 製作一份「年度財務藍圖」，包含以下欄位：

月分	收入來源	支出分類	儲蓄金額	投資金額	特殊費用	備註
1月	薪資＋兼職	房租、水電、交通	3,000 元	2,000 元	保險費	-

每月底自我檢查一次，**強迫自己回顧與調整**。

四、情緒與目標管理：庶民的心理資產

設定財務目標不只是數字遊戲，更是情緒管理的過程。庶民常見的心理關卡包括：

◆ **自我懷疑**：「我是不是太晚開始？」
◆ **過度樂觀**：「這次一定賺翻，all in！」
◆ **逃避規劃**：「反正計畫也追不上變化」

這些都需要透過「小成功經驗」來重建信心。例如：

◆ 儲蓄滿三個月，獎勵自己一頓晚餐
◆ 第一次成功償清卡債，寫下心得與下一步行動
◆ 與朋友一起建立「理財打卡群」，彼此回報進度

當你看到「自己做得到」，就會更有動力往下走。

五、庶民故事：從沒存款到完成第一個人生計畫

王小姐，37 歲，餐飲業工讀轉正職，月薪約 32,000 元。她曾說：「我以前連 5,000 塊都存不下來，更別說買房或退休。」

2021 年，她參加社區庶民理財讀書會，開始記帳、設立目標、規劃帳戶。第一年她成功存到 3 萬元緊急金，第二年開始定期投資 0050 ETF，每月 3,000 元。

如今她已有 12 萬存款、每月穩定投資，並正在準備報名夜間大學。她說：「我不是變有錢，但我知道我在變穩定。」

這就是庶民財富規劃的價值──**不是炫耀，而是重新掌握生活的方向盤。**

你的目標,才是你真正的收入來源

沒有目標的人,是為別人的目標努力;沒有規劃的錢,只是別人手上的流動資產。

你可能現在收入不高、資源不多,但只要你願意設定清楚的財務目標,給自己一個合理的時間與執行策略,你就不是被困住的庶民,而是一個有行動力的財務建築師。

第十五章　打造自己的財富藍圖

■ 第二節　建立現金流系統

許多人以為理財就是「賺得比花得多」，但真正影響一個人財務自由程度的，其實是「現金流系統」的品質。

現金流不只是帳戶裡的錢，它是一種**穩定產出現金的結構能力**，是你人生財務的血液循環系統。

你可能聽過「被動收入」、「資產分配」、「多元現金流」這些詞彙，但在庶民現實裡，這些聽起來總是離地又遙遠。

這一節，我們要做的就是把「現金流」這個高大上的概念，解構成庶民可以執行、可持續的策略，建立屬於自己的現金流系統，不再只靠單一薪資求生。

一、什麼是現金流系統？

現金流（Cash Flow）是指一段期間內的**現金收入與支出的流動情況**，包括：

- **進來的錢**：薪資、兼職、副業、股息、租金、補助金等
- **出去的錢**：日常支出、貸款、稅金、保險、娛樂、突發費用

而現金流系統，則是指這些現金流如何被**設計、管理與強化**，目標是讓你的財務狀態：

- 收入來源多元且穩定
- 支出結構可控與可調

◆ 餘額能轉化為資產與再投資的基礎

簡單說：**現金流是你「財務行動的根本動力」。**

二、庶民現金流的五大典型問題

1. 收入來源單一，抗風險能力低

多數人收入只有一份薪水，一旦工作中斷（例如疫情裁員、生病、公司倒閉），等於全數斷流。

2. 支出結構失控，消費超出預期

信用卡、分期、電商活動讓「看似沒花錢」的行為變得容易，導致月底才發現透支。

3. 沒有預算系統，錢花在哪裡不知道

收入與支出混在一個帳戶內，錢進錢出毫無計畫，無法累積資本。

4. 缺乏備用金，遇到狀況只能舉債

緊急醫療、家電故障、租金調漲等突發狀況，只能靠信用卡或向親友借錢。

5. 收入無法轉化為資產

即使每月有盈餘，也因缺乏投資或儲蓄習慣，讓多餘現金淪為消費或閒置。

三、如何打造屬於你的現金流系統？

以下是一個庶民可實作的五步驟現金流系統設計流程：

Step 1：盤點現金流現況

請列出過去三個月的所有：

◆ 收入來源（主職、兼職、副業、補助）
◆ 支出項目（必要支出、可選支出、固定費用、債務）

製作一份「現金流總表」，以表格呈現：

類別	項目	每月金額	備註
收入	公司薪水	$32,000	主職
收入	家教副業	$5,000	每週2堂
支出	房租	$10,000	
支出	存款	$2,000	儲蓄帳戶
支出	外食	$4,000	含週末聚餐
支出	信用卡分期	$3,500	手機與家電

Step 2：設定「目標現金流」架構

目標應該是：**每月穩定有盈餘，並可投入成長型資產。**

建議分配比例：

◆ 必要生活支出（固定＋變動）：60%以下
◆ 儲蓄與保險支出：10%～20%
◆ 投資與資產建構：10%～20%
◆ 彈性支出（娛樂、旅遊、獎勵）：10%

目標並非一蹴可幾，而是逐步調整支出結構。

Step 3：設計「多源收入」結構

庶民可以從以下方式建立第二、第三收入來源：

- 利用週末兼職（教學、導覽、翻譯、寵物照顧）
- 接案型任務（設計、剪輯、家教、寫稿）
- 數位資產收入（經營 YouTube、網誌、線上課程）
- 資產性收入（股利、基金、儲蓄型保單、租金）

每月一點點副收入，都是現金流抗風險的保險。

Step 4：建立自動化現金流系統

讓錢「一進帳就分流」，降低花光的機率：

- 設定薪資入帳後，**自動轉帳至儲蓄帳戶**
- 訂定「每月 10 號自動投資 ETF 金額」
- 使用 APP 提醒帳單日與信用額度

這不是為了約束你，而是讓你多一層思考，讓資金更有效率。

Step 5：每月回顧與滾動式調整

每月底自我對話三個問題：

- 哪個支出最超標？為什麼？
- 這個月有哪個收入來源可以再增加？
- 下個月是否有大筆支出要預先準備？

建立月度「現金流日記」，幫你從慣性消費者，轉變為**策略型資金管理者**。

第十五章　打造自己的財富藍圖

四、庶民可以追求的現金流目標範例

階段	建議目標	財務狀態說明
起步	每月固定盈餘超過 $5,000	開始建立緊急預備金與投資基礎
穩定	擁有 3 個以上收入來源	主職＋副業＋資產型收入
成長	每月投資金額達收入的 20%	逐步累積可產生被動收入的資產
自由	被動收入超過基本支出	不再依賴工時換收入，財務可選擇

五、真實案例：三年打造自己的三層現金流結構

　　張先生，35 歲，原本任職倉儲業，月薪約 33,000 元。2020 年疫情期間遭減薪，開始思考副業。第一年，他利用假日兼職開車，平均多賺 $6,000 元。第二年開設簡易部落格，介紹日常省錢技巧，後來獲得小額廣告分潤。第三年開始定期投入 ETF，每月投資 $5,000 元。

　　如今，他的三層現金流來源為：

- 主職工作：$33,000 元
- 假日收入（開車／家教）：$6,000 元
- 被動收入（ETF 配息、部落格）：約 $2,500 元

　　雖然談不上財富自由，但已經能夠讓他的生活不再「一點變故就全盤崩解」。

財富，不是總數，而是你每天現金能否自如運作

　　你不需要成為企業家或金融高手，也能打造一個適合自己的現金流系統。只要你有紀律、有目標、有結構 —— 你的錢就能開始為你工作，而不只是你為錢疲於奔命。

第三節　財務自由的行動地圖

「財務自由」是這個時代最被濫用卻也最被嚮往的詞之一。

它不只是網紅口中的廣告詞，也不該是只屬於高資產階級的神話。**對庶民而言，財務自由不是一筆巨額存款，而是一種有選擇的生活狀態：當你能不為錢作你不願做的事，你就是自由的。**

這節，我們將拆解財務自由的誤解，建構一張**屬於庶民的財務自由行動地圖**，讓這個目標不再只是憧憬，而是一段可以起步、可以追蹤、可以一步步前進的過程。

一、財務自由不是「不工作」，而是「可選擇」

最常見的誤會就是：財務自由＝退休不工作。但對庶民來說，不工作代表沒收入，而沒收入怎麼可能自由？

所以，我們定義的財務自由應該是：

- 你有穩定的非工時收入（如股息、租金、分潤、授權費）
- 你的日常支出不再完全依賴主職薪資
- 你可以選擇自己想從事的工作，而不是為五斗米折腰

財務自由的核心，是從「被動」轉向「主動」。

第十五章　打造自己的財富藍圖

二、財務自由的五個階段

財務自由不是一夕達成，而是可分階段邁進的歷程，以下是庶民可對照的五層模型：

階段	說明	目標	行動指引
0階段： 完全依賴薪資	沒有儲蓄、投資或副業收入，若失業即陷入困境	建立現金流紀律	記帳、降低支出、設立預備金
1階段： 開始累積儲蓄	有緊急備用金，開始每月固定儲蓄與小額投資	建立資產基礎	自動化儲蓄、ETF定期定額
2階段： 啟動資產性收入	開始擁有股息、配息型基金、數位分潤等穩定被動收入	副收入達支出的20%	開始學習資產管理與節稅
3階段： 半自由狀態	被動收入＋副業收入可支付基本生活開銷	正職可選擇、有議價空間	加碼高效率資產、擴大收入來源
4階段： 完全財務自由	被動收入涵蓋所有支出，包括娛樂、旅行與醫療	不必為錢妥協人生	維護資產、防通膨、防風險

重要的是，每一個人都可以依據自己的生活狀況設定「版本1.0、2.0、3.0」的自由。

三、庶民打造自由的三大資產路徑

1. 金融資產：錢為你工作

◆ 股票 ETF：低成本、波動可控、適合長期累積
◆ 配息基金：可創造穩定現金流，但需注意手續費與通膨風險
◆ 儲蓄型保單：保本但報酬低，可作為資產穩定區
◆ 債券與 REITs：適合中年後降低風險比重

理想配置：資產總值的 30％以上應能穩定產生年報酬率 4～6％的收入。

2. 數位資產：利用平臺創造收入

◆ 自媒體：YouTube、Podcast、部落格流量變現
◆ 電子書／線上課程／版權銷售
◆ 小型數位商品（如模版、照片、音樂素材）

這些不是一夕致富，但可以慢慢累積一個「不靠人脈、不靠本錢」的收入池。

3. 人力資產：升級你的時間單位價值

◆ 轉職高薪技能：資料分析、設計、專案管理、數位行銷等
◆ 掌握自動化工具：ChatGPT、Notion、自動化報表等提升效率
◆ 建立專業聲譽：透過內容輸出與社群參與，提升市場價值

記住：**你永遠是自己最重要的資產。**

第十五章　打造自己的財富藍圖

四、從「理想」到「地圖」：
　　如何量化你的財務自由進度？

建立一張屬於你的「財務自由行動地圖」，可分以下四步：

Step 1：計算你的「自由指標」

假設你每月支出總額為 35,000 元，目前被動收入如下：

- ETF 配息：3,000 元
- 部落格分潤：1,500 元
- 替人剪片：4,000 元

則你的自由比率＝（3,000 ＋ 1,500 ＋ 4,000）/ 35,000 ＝ 25.7%

這代表你已完成四分之一的財務自由。

Step 2：設定下一階段的被動收入目標

- 六個月內提升自由比率至 40%
- 兩年內達成 60%，進入「半自由」區

Step 3：設計三個具體行動計畫

例如：

- 每月增加 ETF 投入金額 1,000 元
- 將每週剪片工作從 1 件增至 2 件
- 新增 Podcast 節目並申請贊助平臺（如 Pressplay）

Step 4：每季檢查一次進度與策略調整

用一頁 Excel 或 Notion 版面追蹤收入流動、時間分配、資產變動與學習進度。

五、庶民故事：財務自由 0.7 版的日常

陳小姐，42 歲，原為文具門市店員，薪水不到三萬。她在疫情期間開始自學剪輯與撰稿，經營小型部落格與 YouTube 頻道。

兩年後，她的收入結構為：

- 主職門市：28,000 元
- YouTube 廣告與合作：7,000 元
- 簡書稿代筆：5,000 元

她的每月支出為 35,000 元，但已有約 12,000 元來自非工時收入，等於她完成了「財務自由的 34%」。

她說：「我還不能退休，但我已經不用怕失業，這就夠讓我睡得著。」

這就是庶民版本的自由地圖 —— **不炫目、不炫富，但踏實、有力量。**

第十五章　打造自己的財富藍圖

> **自由從來不是突然發生，而是一種每日選擇的累積**
>
> 　　財務自由不只是財務問題，它是你與生活的關係，是你用多少時間與金錢去交換人生的樣貌。
>
> 　　你不需要先有五百萬才開始規劃自由，而是從理解自己的現金流、設定明確目標、提升收入多樣性開始，一步步建構起屬於你的自由模型。
>
> 　　只要你願意從今天開始規劃，未來的你，將會是自己選擇出來的人生。

第四節　成為生活中的經濟學家

　　當我們說「經濟學家」，你可能會想到央行總裁、大學教授、或穿著西裝出現在財經節目的分析師。但在這個章節，我們要提出一個顛覆性的想法——**每一個庶民，都應該成為自己生活中的經濟學家。**

　　這不是說你要背下 GDP 公式或參與聯準會報告，而是要**學會從經濟邏輯去看待你日常的每一個選擇，懂得做出更有策略、成本效益與長期價值的決策。**

　　庶民生活中沒有多餘的資源可以浪費，因此更需要運用經濟學的原則，打造一個有方向、有彈性、有機會的生活策略。

一、庶民為什麼要學經濟學？

1. 因為你每天都在做經濟選擇

- ◆ 要不要多花 50 元買外送還是自己煮？
- ◆ 要不要為了省 3 塊錢去遠一點的超市？
- ◆ 要不要多存一點錢還是先還卡債？
- ◆ 要不要辭職去接案還是繼續上班忍耐？

　　這些決定，其實都牽涉到成本、效益、風險、時間價值與機會成本等經濟概念。若你不懂這些邏輯，就只能用「感覺」過日子，而不是用策略。

第十五章　打造自己的財富藍圖

2. 因為不懂經濟，就很容易被制度剝削

舉例來說：

- ◆ 信用卡循環利息高達 15% 以上，許多人卻只還最低額
- ◆ 投保時選擇高儲蓄型保單，卻不知道報酬率比不上通膨
- ◆ 看見「買一送一」促銷就衝動消費，卻忽略實際單價與使用率

你不懂經濟，別人就能用經濟學賺你的錢。

二、生活中有哪些地方藏著經濟學？

1. 時間管理＝機會成本的運算

每花一小時在某件事上，就代表你放棄了一小時能做其他事的機會。這就是機會成本（opportunity cost）的概念。

庶民時間寶貴，每個選擇都該問：

- ◆ 這件事真的值得我花一小時嗎？
- ◆ 有沒有其他報酬更高的使用方式？
- ◆ 我做這件事，是出於習慣還是經濟理性？

2. 採購選擇＝邊際效用分析

每多花一塊錢在某件商品上，能為你帶來的快樂是否真的有增加？這就是邊際效用遞減（diminishing marginal utility）。

舉例：

- ◆ 第一杯咖啡讓你清醒，第二杯只是讓你嘴饞，第三杯讓你睡不著
- ◆ 第一件冬衣很實用，第五件只是占空間

你是否願意為某種商品或服務再多付一筆錢？背後其實就是效用分析的判斷。

3. 收入策略＝比較優勢的運用

在副業選擇上，你不一定要選「賺最多的」，而是應該選「你做起來最有效率」的 —— 也就是比較優勢（comparative advantage）。

例如：

◆ 你可能不會拍影片，但寫作速度很快，那就從文字接案開始
◆ 你不擅長數字分析，但很會社交，或許適合實體服務副業

把自己的資源放在報酬率相對高的地方，是庶民翻轉的起點。

三、五種庶民生活經濟學習法

1. 每月一次「財務會議」

自己當自己的財務長，至少每月一次問自己：

◆ 本月總收入與支出為何？
◆ 哪些支出是衝動？哪些是策略？
◆ 有沒有新學會的理財觀念或工具？
◆ 有沒有哪筆投資或選擇值得調整？

不需要專業財報，用紙筆或 Google Sheet 就能開始。

第十五章　打造自己的財富藍圖

2. 建立「價格意識」與「價格習慣表」

記錄常買商品的價格波動，幫助自己做出更有策略的消費決策。例如：

品項	常態價格	促銷價格	最低曾見	評語
豆漿 1L	$42	$36	$32	超市月初促銷
大瓶沙拉油	$580	$560	$540	囤貨可便宜

這種敏感度，能讓你比別人多出 3%～5% 的現金流餘裕。

3. 跟身邊人組「經濟學共學小組」

一群庶民，一週一次聚在一起聊理財、看新聞、拆解生活經濟問題。可以用 Podcast、YouTube 或共讀書籍當教材。

不必太正式，重要的是：**讓經濟學變成生活語言，不是學院術語。**

4. 練習從新聞解讀「庶民角度」的經濟訊息

看見利率升息的新聞，問自己：「這會讓我貸款變多嗎？」

看見政府補貼新政策，問：「我是否可以申請？申請成本與效益如何？」

不要只是接受，而是要解構與再建構，這是庶民對抗制度資訊不對稱的方式。

5. 建立「個人經濟筆記」

隨時記錄自己觀察到的價格變動、商業策略、生活感悟、消費行為心理等：

- ◆ 為什麼超商總是在櫃臺旁放糖果？
- ◆ 為什麼每次開箱影片都說「CP 值超高」？
- ◆ 為什麼手機分期比一次付清還吸引人？

這些都可以寫下來,幾年後你會發現自己比大多數人懂得多,也懂得早。

四、庶民故事:用經濟眼光過生活的家庭

高太太是一位在市場擺攤的中年婦女,原本對金融一竅不通。某天,她開始觀察市場租金與來客數的關係,發現某些時段人潮雖多但消費低,反而是平日中午有穩定顧客群。

她調整擺攤時間,節省攤租與交通成本,還增加熟客關係維繫。後來她甚至自己開發「便當預約小卡」,讓顧客能提前下單,提升穩定收入流。

她說:「我不是讀書人,但我會算,我的帳就是這樣慢慢算出來的。」

這就是庶民經濟學的實踐:不是會背書,而是能轉變行為、改變結局。

你就是你家庭的經濟部長

不懂經濟,不代表你與經濟無關;恰恰相反,正因你每天都被制度、價格、稅收、風險包圍,所以你更該懂經濟。

當你能用經濟學的眼光看待生活,你不再只是制度下的乘客,而是能選擇方向的駕駛。

做自己的經濟學家,是庶民最根本的自主權利,也是改變命運的起點。

第十五章　打造自己的財富藍圖

結語　讓知識變成資產

你讀完了這本書，腦中可能有一個問題：

「這些我都知道了，然後呢？」

這句話看似平凡，實則蘊含一個重要轉捩點——知識能否變成資產，就看你如何回應這個「然後」。

知識本身不會讓你變富，也不會自動改變你的人生，但**知識的價值，在於它能夠啟動一個庶民從「無力感」走向「行動感」的過程。**

這裡，我們不談新觀念，而是總結整本書的庶民精神，為你整理出三個層次的資產轉化法，讓你能夠「把知道的變成能做的，把能做的變成持續做的，把持續做的累積成命運的改變」。

◎第一層轉化：從認知到行動

庶民最常面對的問題不是「不知道」，而是「知道很多卻不會開始」。

你可能知道要記帳、要投資、要存錢、要學新技能，但就是卡在第一步。

這是因為：

- 你還沒有建立**低門檻行動方案**
- 你被「一次做很大」的想法困住
- 你認為「沒做出結果就等於沒用」

但其實，真正的行動轉化來自「一次只做一小步」。

結語　讓知識變成資產

請記住：你不是為了變成理財專家，而是為了讓生活的選擇多一點餘裕。

立即可做的 5 件小事：

◆ 開啟你手機裡的記事本，記下你這週的花費前三名
◆ 開一個新的帳戶，命名為「財務自由帳戶」，每月轉 500 元
◆ 問自己：「我有哪一個收入可以增加 10%？怎麼做？」
◆ 把這本書其中一章拍照給朋友，約出來討論
◆ 設一個鬧鐘，每月 1 日晚上檢查自己的收支狀況

不要想一次翻身，先從改變生活慣性開始。

◎第二層轉化：從行動到習慣

知識要能變成資產，必須能「產生複利效應」。而這個效應，來自於**習慣的持續**。

再好的投資計畫，如果你只執行一次，效果等於零。再高的財商知識，如果你三分鐘熱度，它就只是資訊的記憶而非行動的累積。

建立習慣的關鍵不是意志力，而是設計力。

舉例：

◆ 把記帳 App 固定放在手機首頁
◆ 設定自動轉帳每月儲蓄
◆ 加入庶民理財社群，每週打卡一次目標執行情況
◆ 利用番茄鐘工作法，每週固定安排 30 分鐘學習理財知識

生活不是靠改變命令運作，而是靠慣性駕駛。

讓你每月做一次的事，變成每週一次；每週一次的事，變成每天的思考。這就是庶民資產從 0 開始的關鍵。

◎第三層轉化：從習慣到身分

這是最深層的轉化，也是真正翻轉命運的核心。

當你從「我來學理財」變成「我是個會管理資源的人」；

當你從「我試著創造收入」變成「我是個能創造價值的人」；

當你從「我在逃避問題」變成「我是個能面對現實並設計未來的人」——

你不只是知識的使用者，而是改變規則的參與者。

財富其實不是錢的問題，而是自我認知的問題。

你相信你能夠參與經濟制度，你能理解市場邏輯，你能改變自己所處的位置，那你就已經擁有了**庶民經濟學最珍貴的資產：自我主權。**

◎知識的資產形式是什麼？

形式	說明	實作方式
時間資產	有效率地分配與使用時間	任務分級、番茄鐘管理
語言資產	能清楚表達觀點與需求	練習簡報、投稿、對話練習
思維資產	看問題的角度與脈絡掌握能力	用經濟學角度解析新聞與事件
人際資產	能建立共學與互助關係	加入社群、定期討論、互相支持
金錢資產	能創造現金流與抗通膨能力	分帳系統、投資規劃、自動轉帳

這些都是你身上看不到，但真實存在的財富。

◎庶民經濟學的終極任務

我們寫這本書，不是為了讓你變成財務顧問，也不是希望你變成存錢機器。

結語　讓知識變成資產

我們希望的是 ——**你能成為一個在現代經濟結構裡，不再被動、不再恐懼、不再被困住的人。**

- 你可以選擇你要做的工作
- 你能預測你的生活狀況
- 你知道哪個政策會影響你
- 你敢說出你的經濟需求與權利

這就是庶民經濟學的終極目的：**不是讓每個人都成為富人，而是讓每個人都成為擁有主控力的人。**

◎最小的行動，就是最大的資產

你讀到這裡，代表你願意理解、願意學習、願意改變。這個意願本身，就是你已經擁有的第一筆資產。

不管你現在收入多少、背景如何、年齡多大、帳戶裡有沒有錢——從這一刻起，你可以選擇成為一位「不再只是生活的乘客，而是生活的設計師」。

讓知識，不只是你腦中的記憶，而是你人生藍圖的一部分。讓資產，不只是存摺上的數字，而是你活出選擇權的底氣。

從今天起，讓我們一起：

用庶民的方式，做不庸俗的事，活出有尊嚴的未來。

附錄

中文術語	英文對照
財務自由	Financial Freedom
現金流	Cash Flow
被動收入	Passive Income
主動收入	Active Income
機會成本	Opportunity Cost
邊際效用	Marginal Utility
比較優勢	Comparative Advantage
分工	Division of Labor
自由市場	Free Market
市場失靈	Market Failure
平臺經濟	Platform Economy
零工經濟	Gig Economy
去中心化金融	Decentralized Finance, DeFi
央行數位貨幣	Central Bank Digital Currency, CBDC
數位壟斷	Digital Monopoly
AI 自動化	AI Automation
財務規劃	Financial Planning
風險控管	Risk Management
資產分配	Asset Allocation
緊急預備金	Emergency Fund
股利	Dividends
ETF	Exchange-Traded Fund
REITs	Real Estate Investment Trusts
儲蓄型保單	Savings-Type Insurance Policy
通貨膨脹	Inflation

附錄

中文術語	英文對照
經濟循環	Economic Cycle
比較利益	Comparative Benefit
經濟學家	Economist
數位貨幣	Digital Currency
行動支付	Mobile Payment
邊際成本	Marginal Cost
總體經濟學	Macroeconomics
個體經濟學	Microeconomics
通貨緊縮	Deflation
實質薪資	Real Wage
名目薪資	Nominal Wage
財政赤字	Fiscal Deficit
政府債務	Government Debt
量化寬鬆	Quantitative Easing
利率	Interest Rate
基準利率	Benchmark Interest Rate
資本利得	Capital Gain
資本支出	Capital Expenditure
固定支出	Fixed Expense
變動支出	Variable Expense
貨幣政策	Monetary Policy
財政政策	Fiscal Policy
總需求	Aggregate Demand
總供給	Aggregate Supply
經濟成長率	Economic Growth Rate
GDP（國內生產毛額）	Gross Domestic Product (GDP)
CPI（消費者物價指數）	Consumer Price Index (CPI)
PPI（生產者物價指數）	Producer Price Index (PPI)
失業率	Unemployment Rate
名目利率	Nominal Interest Rate

第四節　成為生活中的經濟學家

中文術語	英文對照
實質利率	Real Interest Rate
經濟不平等	Economic Inequality
稅制	Tax System
資本主義	Capitalism
社會保障	Social Security
基本工資	Minimum Wage
退休金制度	Pension System
工作貧窮	Working Poverty
租稅正義	Tax Justice
財富稅	Wealth Tax
基礎財務教育	Basic Financial Literacy
通膨保值工具	Inflation-Protected Asset
數位勞動	Digital Labor
平臺工人	Platform Worker
非典型就業	Non-standard Employment
社會移動	Social Mobility
財富集中	Wealth Concentration
消費者行為	Consumer Behavior
供需法則	Law of Supply and Demand
邊際報酬遞減	Law of Diminishing Returns
稀缺性	Scarcity
沉沒成本	Sunk Cost

庶民國富論：
看見制度背後的權力分配，重啟公民的經濟主權

作　　　者：何承凱
發　行　人：黃振庭
出　版　者：機曜文化事業有限公司
發　行　者：機曜文化事業有限公司
E-mail：sonbookservice@gmail.com
粉　絲　頁：https://www.facebook.com/sonbookss/
網　　　址：https://sonbook.net/
地　　　址：台北市中正區重慶南路一段 61 號 8 樓
8F., No.61, Sec. 1, Chongqing S. Rd., Zhongzheng Dist., Taipei City 100, Taiwan

電　　　話：(02)2370-3310
傳　　　真：(02)2388-1990
印　　　刷：京峯數位服務有限公司
律師顧問：廣華律師事務所 張珮琦律師

-版權聲明-
本書作者使用 AI 協作，若有其他相關權利及授權需求請與本公司聯繫。
未經書面許可，不得複製、發行。

定　　　價：520 元
發行日期：2025 年 05 月第一版
◎本書以 POD 印製
Design Assets from Freepik.com

國家圖書館出版品預行編目資料

庶民國富論：看見制度背後的權力分配，重啟公民的經濟主權 / 何承凱 著 . -- 第一版 . -- 臺北市：機曜文化事業有限公司 , 2025.05
面；　公分
POD 版
ISBN 978-626-99636-1-4(平裝)
1.CST: 財富 2.CST: 經濟學
551.2　　　　　114005725

電子書購買

爽讀 APP　　　臉書